AF337414

QUELQUES CONSIDÉRATIONS

SUR

LA CAMPAGNE ACTIVE

D'ORIENT

(AVRIL-SEPTEMBRE 1854.)

PAR

T. C. C.

EXTRAIT DU SPECTATEUR MILITAIRE.

PARIS

IMPRIMERIE DE E. MARTINET

RUE MIGNON, 2

1866

QUELQUES CONSIDÉRATIONS

SUR

LA CAMPAGNE ACTIVE D'ORIENT

(AVRIL-SEPTEMBRE 1854).

Nous voudrions présenter ici quelques simples considérations militaires sur la campagne d'Orient, cette lutte qui rouvrit pour les générations modernes l'époque des grandes guerres. Notre intention n'est pas toutefois d'embrasser la période entière de la campagne de Crimée, mais de nous borner au récit de la phase active, depuis l'arrivée des Alliés en Turquie jusqu'au début du siége de Sébastopol, dont la relation appartient plus particulièrement à une des spécialités de l'art militaire.

Cette étude ne comprendra donc que les trois points suivants : les armées alliées en Turquie ; la bataille de l'Alma ; la marche de l'armée anglo-française de l'Alma à Sébastopol.

§ I

LES ARMÉES ALLIÉES EN TURQUIE.

Moralité de la guerre. — La guerre est certaine-
ment une des situations qui font le plus énergiquement
appel à toutes les facultés de l'homme. Chez les subal-
ternes, l'enjeu continuel de la vie suffit à tendre tous
les ressorts de l'intelligence et de l'activité dans un but
de préservation personnelle, en même temps que des
sentiments d'un ordre plus élevé viennent élargir toutes
les impressions et doubler le prix de l'existence ; là se
voit la trempe des âmes et se met à nu leur grandeur
ou leur petitesse. Pour le chef, les préoccupations sont
plus vastes et moins personnelles ; il doit veiller à
l'ensemble sans négliger les détails. Or, une armée
renferme tant de services et nécessite tant de soins ; la
direction d'une campagne touche à tant d'intérêts, im-
pose une telle responsabilité et demande tant de ressources, que pour être un général vraiment supérieur,
il faut réunir les talents du politique et de l'adminis-
trateur à ceux du stratégiste et du tacticien, avoir une
profonde connaissance des hommes, un corps endurci
aux fatigues et toujours prêt à l'appel de la volonté, et
posséder un sang-froid et une fermeté à toute épreuve.
La guerre est donc grande et noble en soi, parce qu'elle
stimule les grands côtés de notre nature ; mais la mé-
daille a son revers. D'abord, en tout état de cause, la
guerre détruit, elle verse le sang, porte le deuil dans
les familles, interrompt le cours régulier des travaux

de l'homme, et désole des contrées entières ; puis les mauvais côtés de la nature y trouvent parfois aussi l'occasion de donner carrière à leurs tendances.

Et cependant ces considérations, si sérieuses qu'elles soient, ne sauraient faire proscrire en principe les luttes armées, car, jusqu'à ce que l'on ait indiqué un moyen plus parfait (et il est encore à trouver) de faire respecter le droit, la guerre restera un instrument indispensable à la société comme formant le dernier recours des justes causes. Ce qu'on peut demander, c'est de ne la faire que lorsqu'elle est juste et indispensable ; nous pensons qu'à ces deux points de vue la guerre de Crimée sera complétement justifiée devant l'histoire.

La guerre de Crimée nécessaire et juste. — Elle était juste, en effet, parce qu'aux yeux de tout homme politique elle fut entreprise pour la défense de l'équilibre européen, menacé par l'agression de la Russie et par les prétentions exorbitantes que cette puissance formulait à Constantinople. Elle était indispensable, parce qu'après de nombreuses et vaines tentatives de la diplomatie, c'était, en fin de cause, le dernier moyen de rappeler le Czar au respect des traités. Enfin nous ajouterons qu'elle fut encore, par son résultat, profondément morale et bienfaisante pour ceux qui ne séparent pas des intérêts de la France la défense des grands principes de la civilisation moderne.

L'empereur Nicolas avait en quelque sorte personnifié en lui la haine des principes libéraux, il était en

Europe le soutien le plus accusé du despotisme. Profondément hostile aux idées représentées par la France, il avait fait des forces de son Empire un recours pour toutes les tyrannies, une menace pour toutes les libertés ; il pesait sur le centre de l'Europe de tout le poids d'une malfaisante dictature. L'alliance des deux peuples qui sont à la tête des idées modernes allait détruire cette force autocratique et rendre ainsi à l'Europe et à la Russie elle-même un service des plus signalés. La guerre de Crimée a donc droit à toutes nos sympathies, puisque, en premier lieu, elle a eu pour but le maintien d'un principe de justice et d'équilibre indispensable à la sécurité de toutes les nations, et qu'en outre elle devait, par son résultat, frapper mortellement la plus haute personnification du despotisme en Europe.

La France et l'Angleterre envoient chacune une armée au secours de la Turquie. — Quand la France et l'Angleterre se décidèrent à envoyer leurs flottes et leurs armées au secours du Sultan, l'envahissement par la Russie du territoire turc proprement dit était un fait accompli. Nos bataillons débarquaient à peine à Gallipoli, que déjà Silistrie se trouvait assiégée. Il semble qu'on ne se soit pas de suite rendu compte de la nécessité des grands efforts à faire pour arrêter une agression aussi sérieuse. Ce n'est que peu à peu que l'on se décida à envoyer sur le théâtre de la guerre une force armée respectable. Dans le principe, il n'était question que de 6000 Français et d'autant d'Anglais ; plus tard, l'armée française dut compter 30 000 hommes ; enfin on arriva au chiffre de 60 000 soldats pour nous, 25 000 pour l'Angleterre. Ces 85 000 combattants, réunis aux 100 à 110 000 que les Turcs avaient pu mettre en ligne sur le Danube, paraissaient suffisants pour la défense de l'Empire ottoman.

Choix judicieux de la presqu'île de Gallipoli comme place d'armes. — L'armée française prit pour base Gallipoli, et les Anglais s'établirent à Scutari. Bien que ces deux points fussent l'un et l'autre situés à une grande distance du théâtre des hostilités alors sur le Danube, leur choix était judicieux. Il était en effet indispensable d'avoir une place d'armes, un camp retranché, une position, en un mot, à l'abri de toute éventualité, où l'armée, débarquant de pièces et de morceaux, pût s'organiser et se compléter. Ce campement devait en outre se trouver sur un point du littoral inaccessible à l'ennemi, car la base d'opération des armées alliées agissant à 500 lieues de chez elles, c'étaient en définitive la France et l'Angleterre mêmes, et il fallait que les communications avec ces deux pays, au moyen des flottes, restassent toujours libres et assurées. A tous ces points de vue, le choix de Gallipoli était bon.

Un des premiers soins des généraux alliés après leur débarquement fut de s'enquérir de la situation de Silistrie et de combiner quelques mouvements de troupes destinés à agir sur les Russes et à fortifier le moral des défenseurs de la place. Une division française, une anglaise, furent acheminées sur Varna pour donner la main à Omer-Pacha, fortement retranché au pied des Balkans, à Schumla. L'armée française était encore trop peu organisée dans les derniers jours de mai 1854 pour qu'un mouvement général en avant pût s'exécuter.

Levée du siége de Silistrie due à l'énergie de la défense et aux mouvements des corps anglo-français.—Les démonstrations des Alliés et la courageuse attitude des défenseurs de Silistrie suffirent d'ailleurs à obtenir le résultat désiré ; le siége fut levé par les Russes le 20 juin. Le principal honneur en revient, il faut le reconnaître, à l'énergie de la résistance. Les Russes, tenus en échec depuis un mois devant une ville irrégulièrement fortifiée, inquiétés par les démonstrations des Alliés qui se prononçaient de jour en jour davantage, peu rassurés sur leur flanc droit par suite de la nouvelle attitude de l'Autriche, les Russes, disons-nous, abandonnaient l'offensive, repassaient le Danube et se repliaient à travers les Principautés sur leurs propres frontières.

Évacuation du territoire ottoman par les Russes. Nécessité d'un plan de campagne. — Ici commençait une nouvelle phase de la guerre. Le sol ottoman était libre ; mais l'évacuation n'ayant été ni effectuée par suite d'un traité, ni opérée à la suite d'une grande défaite, la raison qui avait armé les puissances occidentales subsistait entière : il fallait punir le Czar de son infraction au droit des gens, frapper la Russie et la mettre pour un temps du moins hors d'état de recommencer. On fut assez longtemps avant de former un plan, l'indécision régnait probablement aussi bien à Paris et à Londres qu'au camp de Varna. L'armée russe opérait lentement sa retraite à travers les Principautés ; les Turcs, enhardis par leurs succès particuliers et par la présence dans leur voisinage des troupes européennes, poussaient jusqu'au Danube, et enlevaient l'île devant Routschouk. L'armée française comptait alors, 5 juillet, 40 000 hommes qui, après s'être organisés dans la presqu'île de Gallipoli, avaient successivement gagné Varna par terre et par mer. Le maréchal de Saint-Arnaud, leur chef, réclamait à grands cris des renforts, sentant bien que, pour porter de sérieux coups à un ennemi qui allait maintenant combattre sur son propre sol, il fallait un déploiement de forces bien supérieur à celui qui existait.

Conditions du plan à adopter. — D'un autre côté, c'était pour la première fois dans l'histoire moderne qu'on voyait une armée considérable, avec tout l'attirail militaire de nos jours, transportée par mer à plus de 500 lieues de chez elle pour entreprendre une grande campagne. On ne l'avait encore vu que pour des forces relativement restreintes, pour des opérations isolées et limitées, et encore vis-à-vis de peuples barbares, comme en 1798, en Egypte ; mais contre une grande puissance européenne, c'était la première fois qu'on le tentait. Pourrait-on amener, faire vivre, ravitailler 100 000 hommes et plus à une telle distance ? Et si ce résultat pouvait être atteint, n'était-ce pas à la condition de ne jamais s'éloigner beaucoup de sa base d'opération, c'est-à-dire de la mer ? Ces idées durent se présenter souvent à l'esprit des généraux en chef et accréditer peu à peu l'impossibilité de faire une sérieuse campagne au cœur de la Russie et la nécessité de se borner « à une action vive, rapide, et à courte distance de la mer ». Dans ces conditions, l'idée d'une descente en Crimée se présentait en première ligne.

Quoi qu'on résolût, il était indispensable de prendre sans tarder une décision ; le choléra commençait à se montrer dans quelques corps ; l'inaction pesait sur les troupes et affectait les intérêts politiques et militaires de la campagne.

L'expédition de Crimée décidée. Sagesse de cette résolution. — Un grand conseil de guerre se réunit le 18 juillet à Varna, et l'expédition de Crimée y fut votée à l'unanimité. Ce fut une bonne résolution dont le principe n'est pas à blâmer. Tout autre eût été bien plus chanceuse. Une campagne en Moldo-Valachie à cette époque eût présenté de graves inconvénients, à cause des fièvres qui règnent dans ces contrées ; d'ailleurs, les Russes eussent évacué les Principautés sans accepter d'engagements décisifs, et il eût fallu aller les chercher chez eux. Alors se présentait la question du rétablissement de la Pologne, qui surgira forcément de toute guerre faite à la Russie sur les parties de son territoire avoisinant les anciennes provinces polonaises. Nous ne discuterons pas ici si l'on fit bien ou mal de ne pas l'entreprendre, nous nous bornerons à dire que ce n'était point dans ce but que la France et l'Angleterre avaient pris les armes, et que, dans l'esprit qui avait dicté leur conduite, l'expédition de Crimée était une décision sage et raisonnable. Descendre dans cette presqu'île, y vaincre les Russes en bataille rangée, s'ils s'offraient en rase campagne à nos coups, prendre Sébastopol et y ruiner l'établissement de la marine russe de la mer Noire, menace permanente pour Constantinople, tel fut donc le programme auquel s'arrêtèrent les généraux et les cabinets alliés.

Envoi d'une reconnaissance navale sur les côtes de Crimée. — La première chose à faire dans cette nouvelle situation, c'était de se procurer les renseignements les plus étendus et les plus complets qu'il serait possible d'obtenir sur le nouvel objectif de la guerre, très-peu connu en Europe en 1854. On fit partir de suite, sur un vapeur convenablement escorté, une commission qui devait reconnaître la côte de Crimée et désigner un point de débarquement. C'est dans l'intervalle du départ, au retour de cette commission, que le maréchal de Saint-Arnaud eut la fatale idée de l'expédition de la Dobrudscha.

Expédition de la Dobrudscha. — On avait signalé dans cette contrée la présence d'un corps russe de

10 000 hommes avec 35 pièces de canon. Le général en chef de l'armée française crut voir dans cette circonstance une bonne occasion pour secouer un peu le moral des soldats, affaibli par l'inaction et par les premières atteintes du choléra ; il se décida en conséquence à un mouvement général vers le Bas-Danube. Les bachi-bozougs, organisés par le général Yusuf sous le nom de spahis d'Orient, et dont on voulait éprouver les qualités, furent mis à l'avant-garde. Mais ces 3000 irréguliers n'étaient pas en état d'affronter à eux seuls le corps russe signalé dans la Dobrudscha ; on les fit soutenir directement par la première division, dont le commandant eut ordre d'obtempérer aux réquisitions du général Yusuf. Les deuxième et troisième divisions suivirent le mouvement, échelonnées à d'assez fortes distances. Toute l'armée à peu près s'avançait donc ainsi vers les marais du Bas-Danube.

Inconvénients bien connus d'une opération dans cette contrée insalubre. — Si jamais expédition fut entreprise à la légère, c'est bien celle-ci. Le maréchal de Saint-Arnaud n'ignorait pas combien le pays dans lequel il lançait ses soldats était malsain et redoutable, car il écrivait lui-même quelques jours auparavant au Ministre de la guerre, en annonçant la résolution des Alliés de ne pas franchir le Danube à la suite des Russes : « Poursuivre l'ennemi dans un pays ravagé et » infesté de maladies pestilentielles eût été un désastre » certain. » A coté de lui, lord Raglan venait de recevoir

de son gouvernement des injonctions formelles « de se
» bien garder d'entrer dans la Dobrudscha et d'aller
» compromettre son armée avec les fièvres meur-
» trières de Moldavie. » Les avertissements ne man-
quaient donc pas, et d'ailleurs l'insalubrité du delta
du Bas-Danube était proverbiale. Devant d'aussi puis-
santes raisons de s'abstenir, quel intérêt de premier
ordre poussait Saint-Arnaud à diriger ses divisions de
ce côté? Cherchons, dans les instructions mêmes du maréchal, le résultat qu'il se proposait de son expédition.
Il écrivait au général Espinasse, chargé par intérim du
commandement de la première division, et appelé à
agir directement avec le général Yusuf : « Cette opé-
» ration doit conserver le caractère d'une reconnais-
» sance rapide dont le meilleur résultat serait d'attirer
» l'attention de l'ennemi de ce côté et de lui faire
» craindre un mouvement dirigé sur sa ligne de re-
» traite de Valachie. L'enlèvement de quelques avant-
» postes rendrait le succès aussi satisfaisant que possi-
» ble. Il importe de ne rien risquer en voulant faire
» plus. Telles sont mes dernières instructions. »

*L'opération projetée n'avait en vue aucun résultat im-
portant.* — C'était donc une simple démonstration sur
la ligne de retraite des Russes que l'on voulait faire.
Or, on eût aussi bien et plus sûrement obtenu cet effet
par l'envoi vers les bouches du Danube de quelques
vapeurs avec des troupes de débarquement. Ainsi, de
grands dangers du côté de la santé des troupes, un
résultat militaire des plus secondaires, voilà tout ce que

l'expédition de la Dobrudscha laissait entrevoir. Il paraît donc difficile de la justifier à aucun point de vue.

Désastre de la 1re division dans la Dobrudscha. Perte de plus de moitié de l'effectif par les maladies. — On en connaît les tristes conséquences. A peine entrées dans le pays et après deux légers engagements avec les Cosaques, les 27 et 28 juillet, nos troupes furent frappées par les fièvres et le choléra. Les bachi-bozougs furent assez maltraités, ce qui eut peu de conséquences pour l'armée, ce corps dont on ne pouvait espérer de bons services ayant été dissous dès le 15 août; mais la première division qui marchait avec eux, et qui en une nuit avait eu 500 hommes atteints par le fléau, perdit en quelques jours la moitié de son effectif. La mortalité parmi les compagnies d'élite, qui faisaient aux ambulances un service d'honneur, fut terrible; un grand nombre de servants d'artillerie furent également frappés, et il en résulta une désorganisation des batteries de la première division, dont nous retrouverons les traces deux mois plus tard à l'Alma. Les deuxième et troisième divisions payèrent aussi, mais dans de moindres proportions, leur tribut aux marches forcées faites par les chaleurs de juillet et d'août et à l'insalubrité du sol. Ce fut ce que Saint-Arnaud avait lui-même écrit quelques semaines auparavant au Ministre de la guerre, *un désastre* et une grande bataille n'eût pas coûté plus de monde que cette marche militaire.

Imprévoyance inexcusable du maréchal de Saint-Arnaud. — La prévoyance, cette première qualité d'un chef d'armée, fit totalement défaut au maréchal dans cette fatale entreprise.

Retour de la commission envoyée en reconnaissance de la côte de Crimée. L'embouchure de la Katcha désignée comme point de débarquement. — Pendant ce temps, la commission anglo-française a reconnu les côtes de Crimée; les officiers qui la composent ont, à l'unanimité, déterminé l'embouchure de la Katcha, à trois lieues nord de Sébastopol, comme le point le plus favorable pour un débarquement. Mais le choléra qui régnait dans l'armée et sévissait parmi les équipages de la flotte, puis un terrible incendie qui endommagea nos approvisionnements à Varna retardèrent d'un mois environ l'expédition. Employa-t-on ce temps d'inaction forcée à essayer de se procurer des données précises sur le point qu'on allait attaquer? C'est ce que nous saurons bientôt. Enfin, toutes les mesures étant prises, l'armée française, avertie depuis le 25 août par des proclamations de l'objet de la campagne, s'embarqua dans les premiers jours de septembre à Baltchik, grâce aux moyens préparés de longue main avec le concours de la marine. La flotte turque appareilla en même temps que la nôtre, mais l'escadre anglaise ne prit la mer que le 7. Le 8 septembre, les flottes alliées cinglaient réunies vers la Crimée.

§ II.

BATAILLE DE L'ALMA (1).

Heureuse traversée des flottes. — Les flottes alliées eurent un temps favorable dans leur traversée, qu'aucune démonstration des forces maritimes russes ne vint troubler. On se rappelle que l'embouchure de la Katcha avait été désignée par la commission envoyée en reconnaissance au mois de juillet comme l'endroit le plus favorable pour un débarquement. En mer, on apprit, par les avisos envoyés en éclaireurs, que ce point était occupé par l'ennemi. On décida immédiatement que l'ancienne commission, à laquelle s'adjoignirent lord Raglan en personne et quelques autres officiers des deux états-majors, irait en avant de la flotte faire une nouvelle reconnaissance de la côte. Le maréchal de Saint-Arnaud resta à bord de la *Ville-de-Paris*, retenu par un état de santé qui avait été déplorable depuis le commencement de la campagne, condition bien fâcheuse pour l'exercice du commandement.

L'embouchure de la Katcha abandonnée comme point de débarquement pour la plage d'Eupatoria. — Les vapeurs envoyés en exploration rejoignirent la flotte le 11 septembre; l'avis des membres de la commission, et plus particulièrement des Anglais, fut qu'en

(1) Voyez à la fin de cette brochure le plan de la bataille de l'Alma ainsi que la carte pour servir à l'intelligence de la campagne de Crimée.

raison de la présence des Russes sur les hauteurs de la Katcha, il fallait renoncer à débarquer à l'embouchure de cette rivière et mettre l'armée à terre à Old-Fort, à quelques kilomètres sud d'Eupatoria, sur une plage où aucun ennemi ne paraissait, et que l'artillerie des vaisseaux pouvait facilement balayer.

Opposition du maréchal de Saint-Arnaud à cette mesure. — Saint-Arnaud fut extrêmement contrarié de cette décision ; il la combattit très-vivement et ne s'y soumit que devant l'opiniâtreté absolue des Anglais. Son instinct l'inspirait bien, et le coup d'œil ne lui fit pas défaut en cette circonstance, non plus que la résolution ne lui avait manqué lors du conseil de guerre où avait été voté le départ de l'expédition, malgré les hésitations des uns et des autres. S'il avait été seul chef, on eût débarqué à la Katcha, gagnant ainsi du temps et du chemin, ce qui eût été d'une haute importance dans les conditions de l'entreprise.

Ce changement de décision dû aux Anglais n'est pas suffisamment justifié. — Le débarquement à la Katcha n'était, croyons-nous, nullement impossible. Dans la première reconnaissance de la commission, tout avait été examiné et étudié, et les membres avaient tous déclaré « que le débarquement était possible sans témérité, et devait réussir si les troupes étaient vigoureuses, les mesures bien prises et les ressources suffisantes (1). » Ces termes indiquent qu'on avait jugé

(1) Lettre du maréchal Saint-Arnaud, datée de Varna, 26 juillet 1854.

2

le débarquement possible même de vive force. Comment la vue de quelques tentes sur les hauteurs de la Katcha avait-elle suffi pour annuler cette opinion? C'est que rien n'est pire que les conseils nombreux pour la décision d'un plan. Qu'un général s'entoure de tous les renseignements, qu'il ne néglige aucun avis, aucune donnée, rien de mieux ; mais qu'un seul décide. Il y a donc à signaler ici en premier lieu l'inconvénient majeur résultant de l'absence d'une direction unique.

Ignorance regrettable où l'on est des ressources et de la position de l'ennemi. — Mais il est un autre fait qui se révèle dans la circonstance qui nous occupe et dont les fâcheuses conséquences se déduiront fréquemment dans le cours de cette étude, c'est le manque presque total dans l'armée alliée d'informations exactes. Après la reconnaissance de la Katcha (comme plus tard après l'Alma), nous verrons les généraux en chef et les états-majors agir dans l'ignorance la plus absolue des ressources et de la position de l'ennemi.

Le fait vaut la peine qu'on s'y arrête, et c'est le moment de chercher la réponse à la question posée dans le chapitre précédent. Employa-t-on le temps qui s'écoula, depuis la décision de l'expédition jusqu'à l'embarquement des troupes, à se procurer ces renseignements qui sont l'entrée en matière de toute campagne, et qui eussent dû être ici recherchés avec d'autant plus de soin que le pays qu'on avait choisi pour champ de bataille était moins connu? Le général en chef s'était-il bien pénétré de cette vérité? Les services de l'état-major, auxquels incombe cette partie des opérations, firent-ils tout ce qui dépendait d'eux pour obtenir des informations précises sur l'objectif de la guerre? On avait des Grecs sous la main en Roumélie; ils nous étaient peut-être hostiles en masse par principe religieux; mais il n'eût pas été impossible de trouver parmi eux des gens habiles que l'intérêt eût fait nos espions dévoués; l'or n'est pas à ménager quand il s'agit du sort d'une campagne. Il y avait en Turquie des Tartares coreligionnaires de ceux de Crimée, sympathiques ceux-là à notre cause et ennemis des Russes, leurs anciens spoliateurs. Tira-t-on parti des ressources qu'ils offraient pour nouer des intelligences en Crimée? A toutes ces questions, il est difficile que la réponse ne soit pas à peu près négative, quand on en vient à constater, comme nous le ferons à mesure que les événements se dérouleront, que, jusqu'au dernier moment, les états-majors alliés restèrent dans la plus complète ignorance du chiffre, de la position des troupes russes et des ressources réelles de Sébastopol. Est-il probable que si l'on eût employé tous les moyens de s'instruire, on fût demeuré dans une telle obscurité?

Importance de ces renseignements. — C'est avec intention que nous insistons sur ce point; d'abord parce qu'en principe il a toujours une portée immense (1), et

(1) Chabrias, un des généraux les plus fameux des Athéniens, disait que le meilleur général était celui qui savait le mieux ce qui se passait dans le camp ennemi.

ensuite parce que dans le cas spécial de cette campagne, l'entreprise, comme on le verra, aurait eu de bien plus grands et plus rapides résultats, si l'on eût été informé avec un peu d'exactitude de la véritable situation des choses. Pour ce qui concerne en particulier le choix du point de descente, mieux renseignés nous aurions su que les moyens du prince Mentschikoff étaient encore bien trop faibles le 14 pour qu'il pût s'opposer avec succès au débarquement des alliés sur un point quelconque du littoral de la Crimée. Surpris dans son imprévoyance, et quand les projets de la France et de l'Angleterre contre Sébastopol étaient en quelque sorte publics, le lieutenant de l'empereur Nicolas était encore loin d'avoir réuni ses troupes éparses dans la presqu'île, et l'on peut juger des forces dont il aurait disposé le 13 ou le 14 septembre à la Katcha, par ce fait que, le 19, il avait à peine réussi à concentrer à quelques lieues de là, sur l'Alma, 36,000 combattants, desquels encore plusieurs bataillons n'arrivèrent que la veille ou dans la nuit même qui précéda la bataille.

Raisons qui eussent dû faire maintenir le débarquement à la Katcha. — On aurait pu savoir aussi qu'en prenant terre à la Katcha, on n'eût eu à affronter que des positions beaucoup moins fortes que celles de l'Alma, les hauteurs de la première de ces rivières étant moins escarpées, plus faciles à gravir et à tourner. Enfin, en s'en tenant au choix de la Katcha, on n'eût plus été après le débarquement qu'à trois ou quatre lieues de Sébastopol, et l'on se fût trouvé le 16 au plus tard devant cette ville, au lieu d'y arriver le 26 seulement, comme cela eut lieu, considération d'une haute importance.

Chances dont les alliés se privèrent en n'abordant pas à la Katcha. — Qui peut dire, en effet, ce que ces dix jours enlevés aux préparatifs de défense de la place nous eussent donné de facilités pour nous en rendre maîtres sans coup férir? Qui ne sait aujourd'hui combien la situation de cette ville était précaire? Possesseurs en quelques jours du grand arsenal de la mer Noire, nous eussions pu faire dans l'intérieur de la Crimée une belle campagne, conquérir cette contrée et porter ensuite, au besoin, nos coups sur d'autres points. C'eût été tout profit pour notre politique, pour la gloire de nos armes et pour l'instruction de nos soldats et de leurs chefs, instruction qui est un patrimoine acquis au pays en prévision de l'avenir, et qu'une longue campagne active eût été surtout faite pour perfectionner. Telles furent les perspectives dont nous privèrent, plus d'une fois dans le cours de cette campagne, d'une part la division du commandement, et de l'autre la négligence apportée à la recherche des renseignements militaires.

Débarquement à Old-Fort le 14 septembre. — La flotte avait attendu à la hauteur du cap Tarkan le résultat de l'exploration du littoral. Old-Fort ayant été décidément choisi comme point de débarquement, elle s'y dirigea le 14 au matin. Les mesures les plus minutieuses et les mieux entendues avaient été prises pour que la mise à terre des troupes s'effectuât avec sécurité, promptitude et sans encombrement ; elles furent admirablement exécutées avec le concours dévoué et intelligent de la marine. En quelques heures, 40 000 Français et Anglais, avec 50 pièces de canon, se trouvèrent débarqués et en état de combattre. L'ennemi ne parut pas sur cette plage, que le feu de 34 vaisseaux et de 50 frégates ou corvettes eût rendue intenable. Eupatoria, qui n'avait qu'une garnison d'invalides, fut occupé sans coup férir. Pendant ce temps, une escadrille de frégates à vapeur, ayant à bord la quatrième division française, faisait le simulacre d'une tentative de descente à l'Alma et à la Katcha. Sur ce dernier point l'ennemi ne montra que des forces insignifiantes ; sa plus grande concentration était à l'Alma, où fut signalé un camp de 7 à 8000 hommes. Cette flottille rejoignit le soir même du 14, et le 15 on débarqua la quatrième division et la division turque. Le lendemain on acheva la mise à terre des troupes, des chevaux, des munitions et des différents services administratifs : le 16 au soir, 59 000 soldats alliés avec 133 pièces d'artillerie avaient pris pied en Crimée.

Effectif de l'armée alliée. — Voici le dénombrement de ces forces :

Armée française.	29 500 h.	68 bouches à feu.
Armée anglaise.	22 000 h.	65 —
Division turque.	7 000 h.	
Total. . .	58 500 h.	133 bouches à feu.

Les 29 500 hommes de l'armée française représentaient quatre divisions d'infanterie qui, au début de la campagne, avaient dû compter au moins 40 000 soldats et officiers présents sous les armes. C'est donc un déficit de plus de 10 000 hommes causé par les maladies seulement, puisqu'on ne s'était pas encore battu, et dans lequel l'expédition de la Dobrudscha entre bien pour moitié.

Absence de cavalerie dans l'armée française. — Nous n'avions pas emmené de cavalerie, et l'on ne peut s'empêcher de le regretter et de s'en étonner. Les Anglais ayant trouvé le moyen d'embarquer 1200 chevaux, on ne voit pas pourquoi nous n'en eussions pas pris un nombre égal à bord de nos vaisseaux. La Crimée n'a-t-elle pas de plaines et la cavalerie n'est-elle pas un élément essentiel des armées? Le maréchal Saint-Arnaud en déplorera amèrement l'absence le soir de la bataille de l'Alma.

Lenteur des Anglais qui fait perdre deux jours.— Le 17 septembre au matin nous étions prêts, mais les Anglais n'étaient pas encore en mesure de marcher; ils ne le furent point davantage le 18. Le soir de ce jour, le maréchal fit prévenir lord Raglan que le lendemain 19, sans autre délai, l'armée française se mettrait en marche pour l'Alma, dût-elle partir sans ses alliés.

La cause de ces inconvénients réside dans les différences radicales de tempérament et d'organisation des deux armées. — De pareils inconvénients devront nécessairement se produire toutes les fois qu'agiront sur le même point et pour une même opération deux armées entièrement différentes de tempérament, d'organisation et d'éducation militaire. Il était à prévoir que l'armée anglaise, lente, méthodique jusqu'à la routine et habituée à une vie sédentaire, serait toujours en retard avec nos soldats, si alertes, si ingénieux, si façonnés à la vie des camps. Nous ne sommes ici qu'au début de ces contrastes et qu'à la première constatation de leurs conséquences, mais nous aurons à les signaler plus d'une fois dans le cours de cette campagne. L'enseignement qui en ressort, c'est que, lorsque deux nations, par suite de combinaisons politiques, sont appelées à unir leurs efforts dans une guerre commune, et que le caractère militaire de leurs armées se différencie par des points majeurs et fondamentaux, il faut éviter autant que possible de faire coopérer les deux contingents sur un même terrain et contre un même objectif. Pour tirer de leur mutuel concours tous les fruits qu'il peut donner, il faut, au contraire, les diriger sur des points divers et contre des objectifs différents; alors chaque armée, combinant sa tâche distincte avec l'esprit qui lui est propre, a d'autant plus de chances d'y réussir qu'elle emploie les moyens les plus appropriés à ses qualités, à ses habitudes, à son génie national, tandis que réunies sur le même terrain elles se contrarient, neutralisent leurs qualités réciproques, et l'on voit de la sorte échouer les plans les mieux combinés.

Les conséquences de cette disparité se feront sentir dans tout le cours de la campagne. — C'est ainsi que, dans la guerre de Crimée, la promptitude des décisions chez le maréchal de Saint-Arnaud, la rapidité des mouvements dans l'armée française, furent presque constamment paralysées par les hésitations et le méthodisme de lord Raglan et par le peu de mobilité des troupes britanniques.

Marche en avant de l'armée alliée le 19. — Comme Saint-Arnaud en avait prévenu son collègue, l'armée française prit les armes à sept heures du matin, et commença sa marche en avant, ses quatre divisions formant à peu près un losange. Dès une heure de l'après-midi, nos soldats, après avoir franchi à moitié chemin le ruisseau de Bulganack, prenaient leur campement sur les coteaux de la rive droite de l'Alma, en face des Russes, dont on distinguait nettement la présence sur les hauteurs de la rive opposée. Les Anglais, partis après nous et marchant à notre gauche, s'allongèrent dans la route, et quelques-unes de leurs divisions ne nous rejoignirent qu'au milieu de la nuit ou même le lendemain. Les flottes avaient suivi le mouvement en côtoyant le rivage. Dans l'après-midi, nos troupes, déjà bivaquées, eurent une alerte causée par l'apparition d'une forte reconnaissance de cavalerie russe qui, rejetée par les Anglais sur notre flanc gauche, se montra vers trois heures aux avant-postes de la première division. En un instant l'armée fut rangée en bataille, mais quelques obus bien dirigés suffirent à amener la retraite des escadrons ennemis, et à quatre heures nos soldats reprenaient leur campement. Tout se prépara pour la bataille du lendemain.

Arrivée sur les hauteurs de la rive gauche de l'Alma, en face des positions russes. — Les Russes occupaient, sur la rive gauche de l'Alma, une très-forte position qu'ils auraient pu rendre plus formidable encore en y multipliant les ouvrages de campagne, en ruinant les passages qui pouvaient donner accès à l'artillerie, en prenant enfin toutes les mesures indiquées pour une bataille défensive. Nous verrons qu'ils négligèrent plusieurs de ces importantes précautions.

Description du terrain. — La rivière de l'Alma coule dans un lit encaissé entre deux chaînes de hauteurs, celles de la rive droite ondulées et faciles, celles de la rive gauche très-escarpées au contraire ; nous descendions les premières et nous avions à emporter les secondes. Le cours de la rivière, dont les deux bords sont couverts de jardins et de plants de vigne, formait un premier obstacle. Trois villages, abandonnés par leurs habitants tartares et incendiés la veille par l'armée russe, servaient de points de repère sur cette ligne : celui de Bourliouk, le plus considérable au centre, celui d'Almatamack à notre droite, près de la mer, et celui de Tarkhandar, en amont de Bourliouk, à notre extrême gauche. Ces villages et les jardins sur les deux rives avaient été garnis par l'ennemi de nombreux tirailleurs. Au pied même de la berge commençaient les escarpements qu'il fallait gravir sous un feu plongeant. Sur les hauteurs enfin était rangée en bataille l'armée russe, forte de 35 à 36000 hommes avec 96 canons. Le front de cette ligne était très-fort, à cause de l'obstacle des jardins, de la rivière et, en dernier lieu, des escarpements très-roides qui le protégeaient ; mais les deux extrémités étaient faibles : celle de droite était susceptible d'être tournée par un corps d'armée, celle de gauche pouvait facilement être prise à revers par les flottes.

Plan de bataille du maréchal de Saint-Arnaud. — Des hauteurs de la rive droite, le maréchal de Saint-Arnaud avait pu embrasser l'ensemble de ces positions, et, dès le 19, à cinq heures du soir, il avait communiqué dans sa tente, aux généraux français, son plan de bataille. Voici quelles en étaient les principales dispositions : l'armée anglaise devait exécuter, sur la droite des Russes, un mouvement tournant, destiné à être la manœuvre principale et décisive. Pour la faciliter, une diversion serait exécutée à l'extrême gauche de l'ennemi, du côté de la mer, par la deuxième division de l'armée française, commandant Bosquet. Ce général serait appuyé par la division turque et par le feu des vapeurs ; il chercherait à escalader les escarpements près de l'embouchure de l'Alma et à attirer de ce côté une portion notable des forces ennemies. Dans le même temps, les première et troisième divisions françaises (Canrobert et prince Napoléon) feraient effort sur le centre de l'ennemi ; la quatrième division (Forey) resterait en réserve. Les forces alliées, déduction faite des détachements laissés à Eupatoria et à Old-Fort, s'élevaient à 55 ou 56000 hommes avec 133 canons.

Ce plan est bon et capable de donner d'heureux résultats si l'exécution y répond. — Ce plan était bon et raisoanable, à notre avis, et capable, s'il était exécuté de point en point, de donner de grands résultats. En effet, par le mouvement tournant de l'armée anglaise, on refoulait les Russes sur la mer, où ils devaient se trouver entre les feux des divisions et de la flotte alliées, dans une position des plus périlleuses, — exposés à se voir coupés de leur ligne de retraite, détruits ou pris. Mais une bataille ne consiste pas seulement dans des combinaisons générales et principales; son résultat dépend aussi et surtout de l'exécution précise de toutes les parties du plan adopté; or, nous verrons tout à l'heure que les dispositions prises par le maréchal le 19 au soir ne furent, pour la plupart, pas exécutées le lendemain.

Défaut d'unité dans le commandement appelé à produire de fâcheuses conséquences. — Disons de suite que la faute en fut à une situation dont nous avons déjà signalé le danger : le défaut d'unité dans le commandement ; car on ne viole pas impunément les principes de l'art, et dès qu'on s'en écarte, les conséquences surgissent. « J'avais engagé les Anglais, dit » le maréchal de Saint-Arnaud dans son rapport à » l'Empereur, à se prolonger sur leur gauche pour » menacer en même temps la droite des Russes, pen—

» dant que je les occuperais au centre. » Les termes mêmes dont il se sert indiquent quelle était la situation du commandant de l'armée française vis-à-vis de son collègue de l'armée anglaise. *Il avait engagé* lord Raglan… Ce n'est pas là le langage du chef qui répond de tout, et, en effet, Saint-Arnaud ne donnait pas des ordres à l'armée anglaise ; il ne pouvait que produire son plan et n'avait pas le pouvoir de veiller directement à l'exécution de toutes ses parties avec cette autorité entière, cette pleine liberté d'allures que réclame la conduite d'une grande opération de guerre. Aussi, pendant que nos soldats, dirigés personnellement par le maréchal, vont se trouver, le 20 au matin, en mesure de remplir ponctuellement les ordres donnés la veille, rien ne sera prêt du côté de nos alliés obéissant, de leur côté, à une direction particulière, et il en résultera l'inexécution à peu près totale des combinaisons arrêtées la veille.

Bataille de l'Alma livrée le 20 septembre 1854 (1). — Il avait été convenu que l'armée anglaise, ayant à faire une marche plus longue que celle des autres corps en prolongeant la droite des Russes, prendrait les armes le 20, à six heures précises du matin, avec le jour. Bosquet devait commencer son mouvement dès cinq heures et demie, afin de se trouver en mesure d'attirer sérieusement l'attention de l'ennemi à sa gauche, au moment où les Anglais menaceraient sa droite ; le centre des alliés ne devait s'ébranler qu'un peu plus

(1) Voyez le plan.

tard, vers sept heures, quand l'action serait engagée aux deux extrémités, afin d'empêcher les Russes de porter toutes leurs forces contre les deux premiers assaillants. Lord Raglan avait entièrement accepté le détail de ces dispositions ainsi que l'heure du départ. On devait donc s'attendre à ce que tout fût exécuté comme il avait été convenu. Il n'en fut rien.

L'armée anglaise n'est pas en mesure de marcher à l'heure convenue. — Le 20, à six heures du matin, pendant que Bosquet se massait déjà dans la plaine en face du village d'Almatamack, on n'apercevait pas encore le moindre mouvement dans le camp anglais. Le colonel Trochu, premier aide de camp du maréchal Saint-Arnaud, envoyé en toute hâte, trouva les soldats dans leurs tentes et les chefs sans ordre. Lord Raglan, auprès duquel il parvint, lui avoua qu'une grande partie de son armée n'était arrivée au bivac qu'au milieu de la nuit, qu'elle prenait un peu de repos et qu'il ne serait en mesure de marcher en avant que vers onze heures. C'étaient cinq heures de perdues. Saint-Arnaud arrêta immédiatement le mouvement de ses divisions, et toute l'armée française mit l'arme au pied.

Ce retard de cinq heures compromet le plan adopté la veille en donnant aux Russes tout le loisir de discerner nos projets. — La première conséquence de ce long retard fut de donner aux Russes tout le temps de se reconnaître et de leur fournir la possibilité d'examiner au grand jour toutes les dispositions des alliés. Aucune surprise n'était plus possible dans ces conditions, et la manœuvre de flanc des Anglais allait trouver à midi des obstacles qu'elle n'eût probablement pas rencontrés six heures plus tôt, alors que l'armée russe, incertaine des coups qui lui seraient portés, ne pouvait distinguer, dans le crépuscule du matin, les masses en mouvement pour l'attaquer. Le prince Mentschikoff, voyant au jour les divisions de l'armée anglaise s'aligner au bas des hauteurs vers Tarkhandar, s'attendit à une sérieuse attaque de ce côté et y accumula une partie de ses forces, lesquelles se trouvèrent, par suite, disposées de la manière suivante :

Dispositions du prince Mentschikoff. — A la droite, menacée ainsi par toute l'armée anglaise, le prince plaça le 6ᵉ bataillon de chasseurs et toute la seizième division d'infanterie au complet de ses seize bataillons formant quatre régiments, dont trois, ceux de Wladimir, de Kazan et de Sousdal, en première ligne, et un, celui d'Ouglitz, en réserve (*voir le plan*). Un peu en arrière, et flanquant cette infanterie sur le côté extérieur de la ligne de bataille, se tenaient un bataillon combiné de sapeurs et de marins, et toute la cavalerie composée d'une brigade de hussards et d'une brigade de cosaques du Don, 3000 chevaux environ. Trois redoutes, dont une grande, armée de 12 pièces de gros calibre et deux plus petites, défendaient en outre cette partie de la position. Tandis qu'il prenait de telles précautions pour garantir sa droite, le prince Mentschikoff négligeait complétement son extrême gauche. Jugeant inaccessibles les escarpements qui la protégeaient et préoccupé de ne pas mettre ses troupes en prise au feu des flottes alliées, il se borna à envoyer de ce côté, au village d'Ouloukoul, situé à quelque distance du rivage de la mer, un bataillon d'observation. Au centre, en face de Bourliouk et de là en descendant vers l'embouchure de l'Alma, sans en approcher toutefois à plus d'un ou de deux kilomètres, il disposa de la gauche à la droite (gauche et droite pour les Russes), d'abord quatre bataillons de la treizième division, puis les deux régiments de Borodino et de Taroutine composant la seconde brigade de la dix-septième division d'infanterie, et en arrière d'eux le régiment de Moscou, seul arrivé de la première brigade de ce corps. Enfin les régiments de Minsk et de Wolhynie (première brigade de la quatorzième division) formaient la réserve centrale de l'armée russe. Toutes ces troupes appartenaient au sixième corps, cantonné d'habitude dans le sud de l'empire. Les divisions rassemblées à l'improviste n'étaient pas complètes, comme on a pu le voir par l'énumération qui précède. L'artillerie était répartie portion aux brigades de cavalerie et aux réserves du centre et de la droite, portion au sommet des crêtes plongeant sur la rivière.

Ordre de bataille de l'armée alliée. — En face des positions de l'ennemi, l'armée alliée, rangée parallèlement à l'Alma, déployait ses bataillons dans l'ordre que nous avons indiqué plus haut en exposant le plan du maréchal Saint-Arnaud : les divisions françaises s'échelonnant à partir de la mer jusqu'à la hauteur de Bourliouk, et là, se reliant par leur gauche aux troupes britanniques qui prolongeaient leurs lignes jusque vis-à-vis de Tarkhandar (*voir le plan*).

A onze heures seulement l'armée anglaise s'ébranle. — La division légère (Brown) en tête, suivie de la division du duc de Cambrigde (première), dans laquelle compte la belle brigade des gardes, ces deux corps franchissent la rivière en face de Tarkhandar, pendant que la deuxième division, sous les ordres de sir de Lacy-Evans, incline à droite vers Bourliouk avec la troisième division en soutien. La division Cathcart est en réserve (1), la cavalerie sur le flanc extérieur. Mais, au lieu d'exécuter le mouvement tournant par la gauche qui avait été décidé la veille, les Anglais se rabattent sur le centre et suivent une direction qui les mènera sous le feu des redoutes armées de pièces de gros calibre qui protégent la droite des Russes. Ce furent, d'après le rapport du maréchal de Saint-Arnaud, des obstacles de nature diverse rencontrés par nos alliés et, notamment, la présence de la majeure partie de la cavalerie russe sur leur flanc, qui les empêchèrent de donner suite à la combinaison primitivement adoptée. Cette combinaison avait du reste

(1) Par suite des retards de la marche, la première brigade de cette division assista seule à l'action, et encore à deux milles de distance ; la deuxième n'arriva au bivac que dans la nuit qui suivit la bataille : ces troupes ne tirèrent donc pas un coup de fusil. Il en fut de même de la majeure partie de la troisième division.

perdu une grande partie de ses chances de succès depuis que, par suite du retard apporté le matin à son exécution, les Russes avaient pu la démasquer en quelque sorte et prendre leurs mesures pour s'y opposer.

Le plan de bataille est complétement modifié par cette circonstance. — Il en résulta que le plan de la bataille fut changé par cet incident du tout au tout ; le mouvement principal que devait exécuter l'armée anglaise prit plutôt le caractère d'une diversion, et ce fut au contraire la diversion confiée au général Bosquet qui acquit, comme nous le verrons tout à l'heure, l'importance d'une manœuvre décisive.

En effet, pendant que Mentschikoff ne songe qu'à porter son attention sur sa droite et continue à négliger son extrême gauche qu'il croit suffisamment garantie par la nature du terrain, Bosquet s'apprête à le tirer rudement de sa sécurité.

Marche en avant de la division Bosquet. — Ce général, arrêté comme toute l'armée dans la plaine depuis près de cinq longues heures, a reçu l'ordre de reprendre sa marche en avant, dès que les Anglais se sont enfin ébranlés. Il passe avec une de ses brigades (d'Autemarre) la rivière en face d'Almatamack, tandis que l'autre (Bouat) avec la division turque franchit l'Alma à sa barre dans la mer. Derrière le village se trouve un ravin qui débouche sur les hauteurs occupées par l'ennemi par un sentier à peine tracé ! Le gravir n'était pas une question pour nos soldats rompus par

les combats d'Afrique à toutes les difficultés de la guerre
de montagnes ; mais l'artillerie, sans laquelle il eût été
impossible de se maintenir une fois parvenu sur le
plateau, pourrait-elle y arriver par le même chemin ?
Les commandants des batteries de la deuxième division
résolurent le problème à force d'audace et d'habileté,
et à peine nos zouaves couronnaient-ils les hauteurs,
que les six canons-obusiers du capitaine Fiévet les ap-
puyaient en ouvrant leur feu contre la gauche des
Russes. Une cinquantaine de Cosaques, telle était la
force que le prince Mentschikoff avait préposée à la
garde de cette importante issue; quelques coups de
fusil les dispersèrent, et le général Bosquet commença
à déployer sur le plateau les bataillons de sa première
brigade, la seule qu'il eût encore sous la main,

Le général russe, ne croyant pas à la possibilité
d'une escalade de ce côté, n'avait rien de préparé, ni
dans son esprit, ni dans ses dispositions matérielles,
pour déjouer ce coup imprévu. Il fut quelque temps
avant d'ajouter foi aux rapports qui lui parvenaient
de l'ascension des troupes françaises sur les hauteurs à
sa gauche ; à la fin, détrompé, il dirigea sur ce point
trois batteries de 12 (24 pièces) (1). Mais déjà nous
avions pris pied sur le plateau, et la seconde batterie
de la division Bosquet, qui n'avait pu franchir la
barre de l'Alma, étant venue passer à son tour par le
sentier du ravin, ses six pièces réunies aux premières
rendirent la lutte moins inégale.

(1) Les batteries russes sont de huit pièces.

Beau combat soutenu par l'artillerie de la division Bosquet. — Ce fut en effet principalement en un combat d'artillerie que consista la part prise par notre aile droite au succès de la journée. L'innovation des canons-obusiers, introduite dans l'armée française par Napoléon III, nous permit de le soutenir avec un avantage marqué, malgré la grande disproportion dans le nombre des bouches à feu. Aux vingt-quatre canons qu'ils avaient déjà engagés, les Russes ajoutèrent encore deux batteries à cheval, mais ces seize nouvelles pièces, du calibre de 6 seulement, ayant commis la faute de s'arrêter sur la même ligne que les premières; leur tir fut nul, les boulets n'arrivant pas jusqu'à nous. Nos artilleurs furent admirables; assaillis par un ouragan de fer, leurs roues et leurs affûts souvent brisés, mais les pièces heureusement intactes, ils ne ralentirent pas un instant leur tir, et leurs projectiles, joints aux obus lancés par les vapeurs, arrêtèrent toutes les charges des bataillons et des escadrons russes. Grâce à cette supériorité de feu, Bosquet, rallié par sa seconde brigade que lui avait amenée le général Bouat au milieu des plus pénibles obstacles, put maintenir avec fermeté son terrain et conserver la position qu'il avait conquise. Cette position devait avoir sur l'issue de la bataille une décisive influence, car elle allait servir de point d'appui au reste de l'armée pour gravir sur le plateau.

Au premier coup de canon parti de la droite, le centre s'est ébranlé : Canrobert lance sa première brigade dans les jardins et les vignes à gauche du hameau d'Almatamack. La précision du tir de nos chasseurs à pied dégoûte promptement les tirailleurs ennemis de leur tenir tête; ils se replient sur leurs réserves. Le régiment de Moscou descend la hauteur au pas de course pour les relever et jeter dans la rivière nos premiers pelotons qui l'ont déjà franchie, mais avant qu'il ait pu les joindre, il est abîmé de mitraille, s'éparpille et disparaît.

Marche en avant du centre de l'armée alliée. — A gauche du général Canrobert, le prince Napoléon dirige ses bataillons sur Bourliouk, que les Russes viennent d'abandonner en l'incendiant; son artillerie, qu'il a lui-même placée en batterie sur le bord de l'Alma, répond au feu plongeant des pièces russes, pendant que sa première brigade franchit la rivière et se précipite à l'assaut des hauteurs. Le colonel Cler, avec le 2° zouaves, gravissant à pic les contre-forts, intimide tellement l'ennemi, que le général Kiriakoff, préposé à la défense de cette partie de la position, fait un mouvement rétrograde. Nos soldats en profitent et, par un dernier effort, prennent pied sur les crêtes; rien ne les en arrachera plus. Le général Thomas, conduisant la seconde brigade du prince au soutien de la première, tombe grièvement blessé.

Les divisions Canrobert et prince Napoléon gravissent les hauteurs. — Canrobert a réussi de son côté à aborder les hauteurs; ses brigades sont ralliées; il les établit sur deux lignes par bataillons en colonne double prêts à former le carré. Des masses russes appuyées de nombreuses bouches à feu s'apprêtent à le charger et son artillerie est encore en arrière ! A son appel, Bosquet, qui se multiplie, lui envoie la batterie Fiévet, que la diversion de notre centre a rendue disponible, en détournant contre lui une portion de l'artillerie qui contre-battait celle de la deuxième division. Les bataillons ennemis canonnés à courte distance, et couverts de mitraille, laissent reprendre haleine aux soldats de la division Canrobert. Bientôt ce général est rejoint par son artillerie, qui elle aussi a dû aller chercher le chemin du ravin. Elle est bien réduite par les pertes de la Dobrudscha ; ses servants ne peuvent plus fournir qu'à quatre pièces par batterie ; néanmoins elles remplacent les canons du capitaine Fiévet, qui court rejoindre sa division.

Résistance des Russes sur la crête du plateau. — Si 'attaque est vive et irrésistible, la défense est énergique. Les troupes russes, inférieures dans les armes de précision, les luttes individuelles, l'escrime de la baïonnette, manœuvrent par masses avec un remarquable ensemble, et leurs bataillons viennent se déployer avec précision sur le plateau menacé.

Difficultés rencontrées par l'armée anglaise. — Pendant qu'au centre comme à la droite nous abordions les positions de l'ennemi, malgré les obstacles naturels sur lesquels avait trop compté le prince Mentschikoff, à notre gauche, les Anglais étaient arrêtés par les obstacles artificiels que, de ce côté, le général russe avait eu la prudence d'ajouter aux difficultés du terrain. Nous avons dit que l'armée anglaise, après avoir renoncé à exécuter le mouvement tournant contre la droite des Russes, était venue se présenter au passage de la rivière, entre Tarkhandar et Bourliouk, en face de fortes positions garnies de redoutes. La division légère (Brown) franchit l'Alma la première et se met en devoir d'escalader les hauteurs ; mais la cavalerie russe, la chargeant en flanc, force la brigade Buller à se former en carré pour la repousser (*voir le plan*). La brigade Codrington continue le mouvement et se dirige sur la principale redoute, mais, foudroyée par des pièces de gros calibre, elle essaye en vain de l'enlever. Le 23ᵉ régiment est presque anéanti par la mitraille, et le major Northcote, qui a emporté une des petites redoutes, ne peut s'y maintenir. Le duc de Cambridge accourt avec la première division et relève Brown ; il a lui-même comme soutiens les 4ᵉ et 44ᵉ régiments, sous les ordres du brigadier Eyre ; à droite, sir de Lacy-Evans, à la tête de la deuxième division, a traversé la rivière à Bourliouk même et s'avance d'un pas ferme vers les hauteurs.

Les Anglais arrêtés devant les redoutes élevées par les Russes à leur droite. — Mais, malgré toute leur vaillance, ces différents corps sont arrêtés par les obstacles du sol et par les charges répétées des régiments russes de Wladimir, de Kazan et de Sousdal. Nos alliés toutefois se maintiennent au delà de la rivière.

L'armée française tout entière parvenue sur le plateau. — Il est trois heures. L'armée française tout entière a pris pied sur le plateau ; Bosquet d'abord, qui s'étend peu à peu sur la droite pour déborder l'ennemi, puis Canrobert et à côté de lui le prince Napoléon. Le couronnement du plateau est l'affaire capitale de la journée. Une fois dépossédée des hauteurs, l'armée russe perd l'avantage de la position, qui, vu son infériorité numérique, lui avait seul permis de livrer bataille aux alliés avec quelque espérance de succès. Mentschikoff l'a compris, et il tente de nouveaux efforts pour nous précipiter au bas des hauteurs.

Efforts des Russes pour disputer le débouché du plateau aux divisions Canrobert et prince Napoléon. — Il a formé les colonnes de son centre en une sorte de carré long qui s'avance, véritable massif d'hommes appuyé d'une nombreuse artillerie. Mais, décimés par le tir supérieur de nos canonniers, ses soldats, malgré la bravoure et le dévouement dont leurs officiers donnent l'exemple, ne parviennent pas à nous joindre. Alors Mentschikoff se borne à masser ses régiments autour du télégraphe et à nous couvrir de mitraille pour empêcher notre développement, pendant qu'il prépare une charge de cavalerie sur notre front. Nous ne pouvions garder longtemps cette position dangereuse; le moment était venu de conquérir par un dernier élan le plateau dont nous n'occupions encore que les abords.

Le maréchal de Saint-Arnaud envoie à l'appui du centre la brigade d'Aurelle de la réserve. — Sur l'ordre du maréchal de Saint-Arnaud, prévenu de la résistance que rencontrent les divisions parvenues sur les crêtes, le général Forey envoie, de la réserve, la brigade d'Aurelle au secours du centre. Ces troupes fraîches franchissent la rivière, gravissent les escarpements et arrivent sur le plateau en même temps que les deux batteries de la réserve, retardées jusqu'ici par les difficultés du passage de l'Alma.

Charge décisive des régiments français sur le plateau contre les masses russes. — C'est le moment du coup de collier. Les colonels Bourbaki et Cler enlèvent les 1ᵉʳ et 2ᵉ zouaves, le colonel Beuret et le général d'Aurelle marchent à la tête du 39ᵉ de ligne. Ces trois régiments s'élancent, prenant pour point de direction la tour du télégraphe. Le commandant La Boussinière, avec ses pièces de réserve, appuie le mouvement et foudroie la face principale du carré russe (1). Nos soldats joignent les fantassins ennemis et les assaillent corps à corps ; leur impétuosité, leur agilité, leur habitude de la baïonnette les rendent irrésistibles : leurs adversaires rompus reculent et abandonnent du terrain ; la tour du télégraphe est emportée et le drapeau tricolore flotte à son sommet. Les divisions Canrobert et prince Napoléon se déploient alors en ligne, leur artillerie sur les ailes, et occupent le centre du plateau. Bosquet continue sa manœuvre tournante, appuyé par la brigade de Lourmel et la division turque. Dès ce moment l'affaire est décidée.

L'armée anglaise, de son côté, enlève la grande re-

(1) Cette formation des troupes russes en carré fut un bel hommage rendu à l'impétuosité de notre infanterie.

doute. — Nous avons laissé nos alliés luttant avec une courageuse ténacité contre les obstacles accumulés sur leur route. Ils s'aperçoivent du concours que va leur prêter la conquête du plateau par les divisions françaises et redoublent leurs efforts. Nos pièces de réserve, accourues en effet par ordre du maréchal, prennent d'écharpe la droite de l'armée russe. La division du duc de Cambridge, qui a relevé la division légère, se porte résolûment en avant. Pendant que lord Bentinck, avec les gardes, couronne les hauteurs à gauche de la redoute principale, sir Colin Campbell, à la tête de la seconde brigade, attaque le flanc droit de l'ouvrage; ses highlanders avancent sans répondre aux balles de l'ennemi, font feu seulement au pied du parapet et s'élancent à la baïonnette dans la redoute, que les Russes évacuent. Il est cinq heures; la bataille est gagnée sur tous les points.

Retraite générale de l'armée russe. — Débordée sur sa gauche, — enfoncée au centre, entamée à droite, l'armée russe recule de toutes parts. Ses escadrons, préparés pour une charge que notre impétuosité a prévenue, servent à couvrir la retraite de ses régiments décimés : elle s'effectue d'abord en bon ordre, mais la nuit et la démoralisation de la défaite ne vont pas tarder à y jeter la confusion.

Le manque total de cavalerie dans l'armée alliée empêche de poursuivre l'ennemi. — L'absence de cavalerie dans notre armée nous empêche de rendre la défaite de l'ennemi plus désastreuse. Les 1200 chevaux de lord de Lucan, qui auraient pu, à ce moment, rendre de grands services, s'étaient embourbés depuis le matin dans les marais de l'Alma, et ne furent d'aucune utilité durant toute la journée.

Résultats de la bataille. Démoralisation de l'armée russe. — La perte des alliés ne dépassa pas 3500 hommes. Les Russes laissèrent sur le champ de bataille environ 6000 tués, blessés ou prisonniers; ils eurent cinq généraux blessés et un nombre considérable d'officiers hors de combat. Mais, en dehors de ces pertes matérielles, l'enlèvement par les nôtres de positions dans lesquelles elle se jugeait inexpugnable avait porté un coup sensible au moral de cette armée. Déjà notablement inférieure en nombre avant la bataille aux Anglo-Français, elle se trouvait après l'Alma complétement hors d'état de tenir la campagne, et le chemin nous était en réalité ouvert jusqu'à Sébastopol.

Rôle principal de l'artillerie dans cette journée. — L'artillerie dans cette journée joua un rôle principal. La nôtre, plus mobile, d'un calibre uniforme et dont les pièces, grâce à l'innovation de l'Empereur, étaient susceptibles d'être utilisées toutes ensemble, qu'on tirât à obus ou à boulets, eut une supériorité marquée sur celle des Russes. L'éducation individuelle du soldat, les armes de précision des chasseurs à pied et des zouaves contribuèrent aussi grandement à notre victoire. Ajoutons que l'habitude des guerres de montagnes, acquise par vingt-quatre années de luttes en Algérie, rendit les pertes de l'armée française moins grandes, par suite de la rapidité de ses mouvements, tandis que les Anglais, manœuvrant comme à la parade, eurent un nombre plus considérable d'hommes hors de combat.

Le mouvement du général Bosquet décisif pour le gain de la bataille. — La manœuvre décisive fut celle du général Bosquet; la position qu'il conquit et sut maintenir servit de point d'appui à tous les efforts dirigés sur le plateau et, dès le premier moment, l'armée russe se trouva menacée et débordée sur son flanc gauche.

Courage individuel des officiers et des soldats dans la lutte sur le plateau. — Il y eut peut-être un court instant d'indécision dans la bataille ; ce fut celui où les première et troisième divisions, à peines arrivées sur les crêtes et n'ayant encore ni l'espace nécessaire pour se développer, ni une artillerie suffisante pour se protéger, furent assaillies par les feux convergents et dominants de l'ennemi. Le courage individuel des officiers et des soldats pouvait seul triompher de cette situation, car il n'est pas toujours donné de tourner les obstacles par une combinaison, et il est telles circonstances où une charge à la baïonnette est la dernière raison comme la seule manœuvre.

Le plan primitif une fois abandonné, on fit tout ce que permettait la situation. — Du moment que le plan primitif n'avait pu être mis à exécution, l'attaque de vive force des hauteurs était une nécessité obligée de la bataille, et on peut dire que, dans ces conditions, les manœuvres répondirent à peu près à tout ce qu'on pouvait attendre. On critiquera peut-être les données de ce plan primitif que les lenteurs de l'armée anglaise avaient fait abandonner : on pourra dire qu'une marche de flanc en face d'une armée concentrée et maîtresse des hauteurs était contraire aux principes de l'art militaire.

Examen des critiques qu'on pourrait faire sur la manœuvre de flanc assignée à l'armée anglaise. — Nous répondrons que tout plan, en théorie, prête plus ou moins à la critique, et qu'il faut voir les moyens employés pour son exécution avant de se prononcer sur son mérite. Dans la guerre, en effet, comme dans toute science, il y a deux choses, la théorie et la pratique, et un général n'est complet que quand il excelle dans l'une et dans l'autre. Un mouvement tournant est toujours sujet à certaines chances, puisqu'il a pour premier effet l'obligation de s'étendre et, par suite, l'inconvénient d'avoir un point de sa ligne relativement faible ; mais, en revanche, une manœuvre de ce genre est susceptible de donner les plus grands résultats, et il faut savoir risquer quelque chose pour les obtenir. On peut d'ailleurs parer à l'inconvénient dont il vient d'être question par des dispositions prévoyantes et, dans le cas particulier qui nous occupe, la supériorité des forces alliées sur l'armée russe autorisait à tenter cette manœuvre, sans qu'on pût être taxé d'imprudence. Ce n'est d'ailleurs qu'en voyant les moyens

que le chef aurait pris pour la conduire à bonne fin
que l'on eût été à même de juger s'il possédait ou non
toutes les qualités du tacticien : cette épreuve manqua
au maréchal de Saint-Arnaud.

*Energique attitude du maréchal de Saint-Arnaud
pendant la bataille.* — On a écrit aussi que ce général,
la bataille engagée, l'avait laissée marcher sans la diriger et qu'il s'était borné à dire à peu près à ses divi-
sionnaires : Voilà les hauteurs ; je m'en rapporte à
chacun de vous pour la manière d'y arriver. — A
notre sens, le maréchal n'avait guère d'autre instructions à donner à ses lieutenants pour la circonstance,
et l'on ne sera que juste en disant que, malgré un déplorable état de santé, il surmonta toutes ses souffrances
pour rester à cheval, qu'il ne perdit de vue aucune des
phases de l'action, et qu'enfin ce fut par son initiative
qu'au moment décisif, une brigade de la réserve fut
envoyée sur le plateau à l'appui des divisions Canrobert et prince Napoléon.

Critique de quelques points de détail. — Un repro-
che qu'on pourrait peut-être plus justement adresser
au chef de l'armée française, ce serait de n'avoir pas
assuré d'une manière plus certaine la réussite du
mouvement du général Bosquet, surtout quand cette
manœuvre, par suite de l'abandon de la partie du plan
confiée à l'armée anglaise, fut devenue d'une importance capitale. Il semble qu'on aurait pu à cet effet
mieux utiliser les ressources que nous offraient, d'une
part, la proximité de la flotte, et de l'autre notre supé-

riorité numérique. La brigade de Lourmel et la division turque ne jouèrent qu'un rôle insignifiant dans la bataille. Si l'on eût embarqué une partie de ces 11 000 hommes à bord de vapeurs, pour les débarquer avec de l'artillerie sur le versant méridional des hauteurs occupées par l'armée russe, on eût probablement rendu bien moins chanceuse et bien plus décisive la manœuvre tournante de notre droite.

Fautes de Mentschikoff. — Si nous fîmes quelques fautes secondaires, les Russes en commirent de capitales. Le prince de Mentschikoff, décidé à nous barrer le chemin de Sébastopol et à nous livrer une bataille défensive, n'utilisa que très-imparfaitement les ressources du terrain. Les hauteurs de l'Alma pouvaient être rendues plus inaccessibles encore par l'emploi des mesures les plus élémentaires de la guerre défensive. Le général russe éleva bien quelques ouvrages de campagne à sa droite ; mais, manquant de prévoyance et se fiant trop sur la force de sa gauche et du centre, il négligea complétement ces parties de sa position. En construisant également des redoutes au centre, il eût pu rendre très-chanceuse notre attaque sur ce point, car personne ne peut dire que si nos bataillons, après avoir atteint les crêtes et en l'absence de toute autre manœuvre possible, eussent été obligés d'aborder de front des ouvrages armés de pièces de gros calibre, le résultat de la lutte n'eût pas été extrêmement douteux. Enfin, si le prince Mentschikoff avait préposé une force plus sérieuse que cinquante cosaques à la garde des escarpements sur sa gauche, et surtout s'il avait fait ruiner et rendre inaccessible aux canons le sentier du ravin, le général Bosquet eût encore été capable de gravir les hauteurs avec ses intrépides fantassins, mais à coup sûr il n'aurait pu, privé de son artillerie et mitraillé par celle des Russes, se maintenir long-temps sur le plateau, où sa présence eut de si fâcheux effets pour l'armée russe. Or tout se tient dans une bataille. Si Bosquet n'eût pas, dès le commencement de l'action, pris pied sur le plateau, l'attaque des géné-raux Canrobert et prince Napoléon, privée de point d'appui, eût pu être plus aisément repoussée, et notre centre une fois contenu, la résistance opposée aux Anglais fût probablement restée insurmontable. C'est ainsi que, souvent, la négligence d'un point secon-daire entraîne des conséquences majeures; tant il est vrai qu'à la guerre il n'y a point de précautions insi-gnifiantes.

Peu d'utilité de la cavalerie russe dans la journée. — Nous remarquerons encore que la cavalerie russe ne paraît pas avoir été maniée avec beaucoup de discerne-ment pendant la bataille. Elle ne fournit pas une seule charge sur le plateau, alors que son action eût pu être de quelque efficacité contre nos bataillons, désunis par l'ardeur de leur course ascensionnelle.

Conséquences morales de la victoire de l'Alma. — Telle fut la bataille de l'Alma. C'était la première grande journée militaire entre nations depuis 1815. L'agamemnonat du czar y fut frappé au cœur. Nos soldats y conquirent du premier coup l'ascendant des armes, et la France y rajeunit en un instant son vieux prestige de gloire aux yeux de l'Europe.

§ III.

MARCHE DE L'ARMÉE ALLIÉE DE L'ALMA A SÉBASTOPOL.

Retraite de l'armée russe et sa démoralisation dans les premiers moments. — Il ne suffit pas de vaincre, il faut encore savoir profiter de la victoire. Cette vieille maxime eût dû trouver son application après l'Alma. L'armée russe battue se retirait démoralisée, fatiguée, mal commandée. La retraite s'étant opérée à la nuit, plusieurs corps s'égarèrent et ne rejoignirent que difficilement la route de Sébastopol. La masse principale passa la Katcha au village d'Arantché, à huit heures du soir, le 20, au milieu de la plus grande confusion, chacun ne cherchant qu'à se préserver de la poursuite des Anglo-Français qu'on croyait imminente.

Chance d'une poursuite vigoureuse et moyens de l'entreprendre. — Jetées à la poursuite de l'ennemi, au milieu de cet encombrement et de cette démoralisation, des divisions de l'armée alliée eussent eu bon marché de sa résistance. Il y avait dans nos rangs des corps tout frais : la brigade de Lourmel de la réserve, la seconde brigade du général Bosquet, la division turque, les troisième et quatrième divisions anglaises qui avaient été peu ou point engagées ; réunies à la cavalerie de lord de Lucan, enfin désembourbée, c'était une masse de 23 à 25 000 combattants qu'on pouvait lancer immédiatement à la poursuite des Russes. Le reste des troupes eût suivi de près et il y aurait eu beaucoup de chances, eu égard à notre supériorité numérique et à l'ascendant que nous donnait la victoire, pour que l'armée alliée, poussant l'ennemi l'épée dans les reins, arrivât sous les murs de Sébastopol en même temps que les débris du prince Menschikoff et enlevât la place alors complétement à la merci d'un coup de main, comme on le verra tout à l'heure. Il n'y a pas plus de neuf à dix lieues de l'Alma au fort du Nord et l'armée russe y était déjà rendue dans la journée du 21 septembre; avec un peu de diligence nous eussions fait comme elle. Tout devait engager les alliés à marcher avec célérité : leur grand nombre, l'état de l'ennemi, l'importance qu'il y avait à arriver au plus tôt sous Sébastopol.

Les alliés s'attardent deux jours sur le champ de bataille. — Au lieu de cela, ils passèrent sur le champ de bataille les journées du 21 et du 22, perdant ainsi des heures précieuses et la possibilité de terminer en peu de jours cette première phase de la campagne.

La cause de ces retards doit être attribuée en partie au peu de mobilité des troupes anglaises. — En recherchant les causes d'une inaction aussi intempestive on arrive à conclure qu'elles résidèrent en grande partie dans les embarras de toute sorte et le peu de mobilité de l'armée anglaise. Si cette situation n'était pas suffisamment connue par tant de faits qui l'ont révélée alors et depuis, il nous suffirait de citer l'aveu qu'en faisait dernièrement encore lord Grey, ministre de la guerre dans le cabinet anglais. « Avant 1854, » disait cet homme d'État dans un discours prononcé en 1864, à Ripon, devant ses commettants, « avant 1854, nous » n'avions ni convois militaires, ni commissariat, ni » hôpitaux pour l'armée et notre système médical » était, comme on le reconnut, des plus défectueux. » La guerre de Crimée mit au jour l'état d'imperfec» tion et d'inefficacité où se trouvaient nos institutions » militaires. » Il est difficile d'être plus explicite et l'on conçoit que, dans de pareilles conditions matérielles, auxquelles venait s'ajouter la circonstance peu atténuante du caractère flegmatique de nos alliés, il ait été impossible de compter sur l'exactitude et la rapidité de leurs mouvements. Ce furent donc nos mulets et nos cacolets qui enlevèrent leurs blessés après l'Alma et nos ambulances qui les reçurent. Tout cela eut pour effet de retarder jusqu'au 23 le départ décidé le 22 pour l'armée française.

Responsabilité qui incombe également dans ces retards au chef de l'armée française. — Mais c'était déjà un tort d'avoir donné tout un jour de répit à l'ennemi et il est regrettable que Saint-Arnaud qui, jusqu'à un certain point avait la direction des opérations, n'ait pas employé tous ses efforts pour faire engager la poursuite dans la nuit même de la bataille ou, tout au moins, le lendemain au point du jour. Il était élémentaire de laisser une ou deux divisions des plus fatiguées sur le champ de bataille, pour ramasser les blessés, et de marcher en avant avec le reste de ses forces.

Importance de la rapidité des marches. —La guerre est dans les jambes et dans les manœuvres autant que dans la bravoure au feu et l'on devrait toujours avoir présente à la mémoire l'admirable campagne de Bonaparte autour de Mantoue en 1797, ou celle de France en 1814. Nos soldats d'aujourd'hui ne sont pas moins alertes que ceux de cette époque et l'on en eût obtenu les mêmes services. D'autant qu'il n'était pas besoin ici de marcher pendant trente-six heures consécutives comme les vétérans de Masséna à Rivoli, ni pendant huit jours de suite comme les divisions qui combattirent à Champaubert, Vauxchamps, Montmirail et Montereau ; il ne s'agissait que de suivre à la piste l'espace de neuf à dix lieues une armée battue et démoralisée.

Nécessité de la santé chez un général en chef. Triste état du maréchal. — L'état du maréchal de Saint-Arnaud ne fut sans doute pas sans influence sur cette longue station à l'Alma. On peut bien supporter la surexcitation d'un jour de bataille, mais une santé aussi complétement ruinée que l'était celle du maréchal ne permet pas de renouveler à chaque instant ces tours de force. Il est incontestable qu'un chef mourant n'était pas dans les conditions voulues pour imprimer, en toute circonstance, aux opérations de la guerre, cette vigueur, cette suite et cette activité qui exigent la tension de toutes les facultés intellectuelles et réclament la disposition de toutes les forces physiques.

Les journées des 21 et 22 septembre passées par les

alliés sur le champ de bataille de l'Alma. — Les deux journées du 21 et du 22 septembre furent donc employées à venir en aide aux Anglais, à renouveler les munitions et à évacuer les blessés des deux armées sur les bâtiments de la flotte. Le 23, on se mit en marche à sept heures du matin, l'armée anglaise formant la gauche, l'armée française s'appuyant au rivage que côtoyait la flotte ; le soldat portait avec lui sept jours de vivres. On arriva à la Katcha et on la franchit sans obstacle. L'ennemi n'avait laissé personne pour défendre les hauteurs de la rive opposée ; elles sont, il est vrai, comme nous avons eu déjà occasion de le dire, sans escarpements abrupts, mais les coteaux qui s'élèvent successivement et dont plusieurs sont boisés auraient pu offrir quelques facilités de résistance à un adversaire décidé à disputer le terrain. Tout ce qu'on voyait indiquait ainsi de plus en plus que l'ennemi, soit démoralisation, soit infériorité matérielle, n'était pas en état de nous affronter ; tout nous engageait donc à pousser le plus vite possible en avant. Cependant on s'arrêta le 23 et l'on dressa le bivouac sur les hauteurs de la Katcha, n'ayant fait que trois lieues dans la journée. La nécessité de nous mettre à l'allure de l'armée anglaise ne fut probablement pas étrangère à ces lenteurs. Dans la soirée de ce jour, on eut des nouvelles de Sébastopol et de l'armée russe.

Les troupes battues à l'Alma, qui constituaient la principale et presque l'unique défense de la Crimée, s'étaient, dans leur retraite, dirigées en toute hâte sur Sébastopol, considéré avec raison comme le point le plus important de la péninsule. Là en effet étaient une place de guerre, des approvisionnements et surtout la flotte; il fallait pourvoir autant que possible à leur salut.

Retraite du prince Menschikoff sur Sébastopol. — Ce furent ces considérations qui amenèrent le prince Menschikoff à abandonner momentanément sa ligne de communication avec Pérécop par Batchi-Séraï et Simphéropol et à ordonner la retraite vers le sud. Pendant que ses soldats, plus ou moins égarés ou débandés, gagnaient les rivières de la Katcha et du Belbek, le général russe arrivait à Sébastopol, le 20, à onze heures du soir, et convoquait immédiatement un conseil de guerre.

Conseil de guerre tenu dans cette place dans la nuit du 20 au 21 septembre. — On se regardait comme à peu près perdu. Les quelques lieues qui séparent l'Alma de la rade de Sébastopol semblaient devoir être franchies en un instant par les alliés et l'on s'attendait à voir au jour leurs éclaireurs apparaître sur les collines boisées de la rive gauche du Belbek. La flotte anglo-française préoccupait surtout les chefs de l'armée russe. Avec les puissants moyens d'artillerie dont cette réunion de bâtiments permettait aux Alliés de disposer, les généraux ennemis regardaient comme très-probable la destruction des forts qui défendaient la rade et comme inévitable alors l'entrée de nos escadres victorieuses dans leur port et au milieu de leurs arsenaux. En même temps, les défenses du côté de la terre seraient assaillies par nos régiments, et, dans ces conditions, ils n'avaient guère l'espoir de résister. Pour parer au moins autant que possible au premier de ces dangers, on émit dans le conseil de guerre l'avis de couler une partie de la flotte entre les forts Alexandre e' Constantin [situés à l'entrée du port, et de le fermer ainsi par une estacade d'un nouveau genre. Cette résolution désespérée, qu'elle soit venue de l'amiral Korniloff, chef d'état-major de la flotte russe, ou du prince Menschikoff lui-même, rallia la presque unanimité du conseil, et l'on désigna séance tenante cinq vaisseaux de ligne et deux frégates pour ce sacrifice.

État des défenses de la place au sud et au nord. — En même temps, on prit des mesures pour mettre la place en état de défense du côté de la terre. Les fortifications, très-belles et très-nombreuses sur la mer, étaient fort incomplètes du côté des terres. La partie sud, séparée par la rade de la partie nord où se trouvaient les grands établissements militaires, était loin d'être à l'abri d'une attaque de vive force. Les 7000 mètres de développement qu'elle présente n'avaient qu'un armement de 145 bouches à feu, dont on ne pouvait faire converger qu'un très-petit nombre à la fois sur un point de la campagne, inconvénient majeur pour la défense; en outre, il y avait sur plusieurs points de ce front, de grands espaces entièrement ouverts. Pour l'autre partie de la place, la principale, presque l'unique défense, consistait dans le vieux fort du nord ou fort Severnaïa, construit en 1818 et tombant en ruines. Sur 47 pièces composant son armement, une douzaine tout au plus avaient des vues sur la campagne.

Les travaux de défense confiés au lieutenant-colonel du génie Todleben. — C'étaient là les seuls obstacles à opposer aux Alliés victorieux; si insuffisants qu'ils fussent, on résolut d'en tirer tout le parti possible. L'honneur de l'énergie et des talents déployés en cette circonstance revient surtout à deux hommes : le contre-amiral Korniloff et le lieutenant-colonel du génie Todleben. Déjà, ce dernier avait obtenu la direction de tous les travaux de défense, au moment de la descente des Alliés en Crimée, et, sans s'attacher à faire une place régulière, il s'était préoccupé avant tout de renforcer les points faibles, trop nombreux déjà pour qu'on pût espérer les couvrir tous. La défaite de l'Alma, la perspective de voir les Alliés arriver bientôt sous les murs de Sébastopol, imprimèrent une nouvelle rapidité aux travaux déjà ébauchés.

Énergie du contre-amiral Korniloff, nommé gouverneur de Sébastopol. — Sous la vigoureuse impulsion de Korniloff, nommé au commandement de la place, toute la population, soldats, marins, prisonniers et habitants, se porta sur les remparts. Une émeute des matelots, excitée dans le premier moment par la nouvelle de la défaite et par la résolution de couler la flotte, fut promptement réprimée par l'amiral, qui fit fermer tous les débits de boissons et détruire tous les spiritueux. Les bâtiments désignés pour former l'estacade furent coulés dans la matinée du 23 septembre. Après ce sacrifice, il restait encore dans la rade 9 vaisseaux et 4 frégates, tous à voiles, 8 vapeurs de 12 à 4 canons et quelques petits navires. Ces bâtiments pouvaient, par leur artillerie, concourir non sans efficacité à la défense de la ville.

C'était au nord de la place qu'on s'attendait à voir arriver les Anglo-Français, suivant la route la plus directe de l'Alma à Sébastopol ; on chercha à le mettre autant que possible à l'abri d'une attaque de vive force. Nous avons dit tout à l'heure que sa principale défense consistait dans le fort Severnaïa ; deux batteries furent en outre élevées à droite et à gauche de cette citadelle, l'une regardant la mer, l'autre contre-battant la rade, et l'on mit dans ces trois ouvrages une garnison de 4 à 5000 hommes. Mais on avait si peu de confiance dans l'efficacité de la résistance que pouvaient opposer ces fortifications qu'on prit de suite toutes les mesures pour que la garnison fût à même de se retirer par des souterrains en cas d'assaut, et quatre fougasses furent préparées pour faire sauter la partie des murailles du fort qui regarde la rade, afin que les Alliés ne pussent pas s'y établir pour canonner le port et la ville du sud. Tous ces préparatifs prirent les journées des 21, 22 et 23 septembre ; dans cette dernière, le prince Menschikoff fit faire une reconnaissance sur les hauteurs du Belbek par la 17ᵉ division d'infanterie, deux batteries de campagne et le régiment de hussards Leutchemberg. Ces forces cam-

pèrent sur les collines qui dominent la rive gauche de
la rivière.

*Le prince Menschikoff s'attarde dans Sébastopol avec
son armée.* — C'était une grave faute de la part du
général russe de s'attarder ainsi dans les murs d'une
place quasi ouverte. En guerre, on doit mettre les
choses au pire et non pas supposer au contraire toutes
les chances pour soi. Or, après la défaite de l'Alma, il
n'était que simplement censé de s'attendre à voir les
Alliés paraître dès le lendemain sous les murs de Sébastopol ; c'était le sentiment de tous dans la ville, et
chaque heure où l'on ne signalait pas l'arrivée de nos
avant-gardes était pour les Russes une heure de répit
inespéré. Si, comme tout devait le leur faire craindre,
nous nous présentions sans tarder en face des défenses
incomplètes du nord, la place courait grand risque
d'être enlevée et alors l'armée de Menschikoff était en
grande partie prise ou détruite, car elle n'eût pu
faire en s'échappant par le sud qu'une retraite désastreuse. Le prince commit donc, en restant quatre
grands jours à Sébastopol, une sérieuse faute et, s'il
en évita les conséquences, il ne le dut qu'aux erreurs
de notre propre conduite qu'il ne lui était donné ni de
deviner à l'avance ni, par conséquent, de mettre en
ligne de compte dans ses prévisions. La seule résolution vraiment militaire de la part du général russe eût
été celle-ci : s'arrêter dans sa retraite sur le Belbek,
détacher à Sébastopol les renforts strictement indis-
pensables à une défense qu'on devait toujours tenter,

et prendre position avec le reste de son armée à Duvankoï, sur le flanc des Alliés, gardant ses communications avec Batchi-Seraï et Simphéropol, c'est-à-dire
avec ses magasins, ses renforts et sa ligne de retraite
sur Pérécop. Le danger de sa position ne pouvait cependant pas lui échapper complétement. Dès le 23 au
soir, les régiments envoyés sur le Belbek avaient
signalé l'approche des Alliés dont quelques éclaireurs
de cavalerie avaient été aperçus. D'un autre côté,
malgré le talent, l'activité et le dévouement déployés
pour fortifier Sébastopol, il n'était pas possible de le
regarder comme en état de soutenir une attaque vigoureuse. Nonobstant toutes ces considérations si pres-
santes, le prince Menschikoff mit une grande lenteur
dans ses déterminations; il ne fit évacuer les hauteurs
du Belbek que dans la nuit du 23 au 24 et ce ne fut
que dans la soirée de ce dernier jour qu'il commença
enfin son mouvement pour quitter une place compro-
mise et chercher à regagner ses communications. Il
sortit de la ville à cinq heures du soir le 24, avec les
16ᵉ et 17ᵉ divisions, la première brigade de la 14ᵉ et
toute la cavalerie, en tout 22 à 23 000 hommes, dont
3000 chevaux. Ces lenteurs pouvaient encore offrir à
la fortune des Alliés la chance d'une belle occasion ;
nous verrons tout à l'heure qu'ils ne la manquèrent
que de bien peu et que le lieutenant du czar faillit
payer chèrement son imprudente temporisation.

*Nouvelles apprises à la Katcha par les Alliés de la
situation de Sébastopol et de l'armée russe.* — Nous

avons laissé l'armée anglo-française arrivant le 24 septembre au soir sur la Katcha, pour y apprendre sur Sébastopol les nouvelles données par les déserteurs et les traînards du prince Menschikoff, ou apportées par les avisos envoyés en reconnaissance. D'après le résumé de ces renseignements, l'armée russe, fort démoralisée par sa défaite, était rentrée tout entière dans Sébastopol, sans songer à renouveler nulle part la résistance de l'Alma ; dans la place on travaillait activement aux fortifications et le côté du nord en avait vu s'élever de récentes et de considérables, tandis que l'embouchure du Belbek était défendue par des batteries nouvellement construites ; enfin, et 'était là le plus sérieux des rapports, une partie de la flotte russe, sept vaisseaux et frégates, avaient été coulés en travers de la rade interdite désormais aux escadres alliées.

Ces renseignements acceptés sans examen suffisant décident Saint-Arnaud à renoncer à l'attaque par le nord. — Si l'on se reporte à ce que nous avons exposé plus haut des mesures prises à Sébastopol, on voit que, de ces renseignements, les uns et particulièrement le dernier étaient exacts, d'autres exagérés ou faux ; malheureusement ils furent reçus en bloc comme également positifs et incontestables, et le maréchal de Saint-Arnaud y vit l'impossibilité d'enlever Sébastopol par un coup de main tenté au nord de la place.

Considérations qui font adopter le plan de se pré-

senter au sud de Sébastopol, dans la presqu'île de Chersonèse. — Du moment qu'il ne croyait plus à la possibilité de vider la question en peu de jours, il était amené à se préoccuper de sa situation un peu aventurée en pays ennemi, avec six jours de vivres seulement sur le dos des soldats. La flotte qui contenait tous les approvisionnements étant la vraie base d'opération de l'armée, le maréchal devait songer à s'établir de suite dans une position où la communication constante avec les escadres serait assurée. Cette condition n'existait nullement sur la côte occidentale de la Crimée que côtoyaient à ce moment l'armée et la flotte anglo-françaises, car on n'y trouve aucune baie, aucun port où nos bâtiments eussent pu rester en toute sécurité, pour assurer le ravitaillement des troupes, l'arrivée des renforts, et, au besoin, la retraite de nos forces. La presqu'île de Chersonèse, située au sud de Sébastopol, offrait au contraire toutes les facilités désirables avec ses hâvres profonds et sûrs, et l'armée, en s'y transportant, serait encore sous les murs de Sébastopol, mais sur un terrain circonscrit et facile à défendre, ayant ses communications assurées avec les escadres et pouvant combiner avec sécurité ses opérations ultérieures. Tel fut le plan qui germa de suite dans la tête du maréchal et qu'il proposa le soir même dans une conférence tenue sur la rive gauche de la Katcha. Lord Raglan y adhéra aussitôt et il fut décidé, sans autre objection, que les alliés, abandonnant leur première pensée d'attaquer le nord de Sébastopol, viendraient, par une marche de flanc, occuper les positions au sud de la place, pendant que les flottes contournant le cap Chersonèse gagneraient les baies de Balaclava, de Kamiesch et de Kazath.

Ce plan, malgré sa sagesse apparente, n'était pas le meilleur. — Ce plan, très-sage en apparence, était-il le plus raisonnable en réalité et le meilleur? Nous n'hésitons pas à nous prononcer nettement pour la négative.

Les renseignements donnés sur Sébastopol sont accueillis avec trop de hâte et examinés trop à la légère. — En premier lieu, on s'était trop hâté d'accepter tous les renseignements fournis sur les défenses ajoutées à la partie nord de Sébastopol ; il y avait en effet de nombreuses inexactitudes à relever à ce sujet. Les batteries qu'on disait avoir été construites pour défendre l'embouchure du Belbek et dont l'existence ou du moins la position ne paraît pas avoir été nettement établie, ces batteries pouvaient tout au plus engager les Alliés à incliner davantage sur la gauche pour passer la rivière en dehors de leur atteinte. Quant aux fortifications ajoutées au fort Severnaïa, dont on faisait un grand étalage, elles consistaient uniquement, nous l'avons dit, en deux batteries mal reliées avec cette citadelle et armées en tout de dix-sept pièces. Ajoutons que, dans la matinée même du 24, une partie du revêtement septentrional du fort s'écroulait sous le poids des terres accumulées pour épaissir le parapet. Todleben l'a écrit depuis : « la situation des défenses dans cette partie de la place était *désespérée* ». Les seules nouvelles réellement exactes étaient donc celles de la démoralisation causée, dans le premier moment, chez l'ennemi, par sa défaite à l'Alma et de l'immersion des vaisseaux russes à l'entrée de la rade. On conviendra que la première n'était pas de nature à nous faire modifier nos plans d'action immédiate et qu'elle ne pouvait, au contraire, que nous engager à brusquer les choses, en attaquant de suite par le côté où nous arrivions. Quant à l'immersion des vaisseaux, de ce qu'elle rendait la rade inaccessible aux escadres alliées, il ne s'ensuivait pas que le concours de celles-ci devînt pour cela nul ; il pouvait, ce nous semble, être encore de la plus grande utilité, tant contre le fort du nord que les projectiles lancés de nos bâtiments pouvaient très-bien atteindre, que contre les défenses extérieures de la rade, ou enfin comme utile diversion.

Raison capitale qui eût dû décider les Alliés à donner l'assaut au fort Severnaïa. — Ainsi, des reconnaissances mieux faites, des interrogatoires mieux dirigés, plus de maturité dans l'examen des choses, eussent réduit à de justes proportions les obstacles qu'on nous signalait et dont aucun n'était formidable. Mais la raison capitale qui eût dû dicter et faire maintenir la résolution d'attaquer de suite de vive force le nord de la place, c'est que, les armées alliées n'étant pas assez nombreuses pour investir Sébastopol dans toute son étendue, le siége régulier de cette ville était impossible. Cette situation nettement entrevue eût amené à courir le risque d'une tentative poussée à fond contre le fort Severnaïa. En admettant même qu'on eût échoué, il aurait mieux valu s'être attaché tout d'abord au côté nord plutôt qu'au côté sud de la place, car le premier n'avait que 2000 mètres de développement, le second en avait 7000, et, d'ailleurs, la prise du nord rendait l'abandon du sud forcé et inévitable, tandis que, le sud enlevé (l'avenir l'a prouvé, mais l'inspection des lieux suffisait à le démontrer), la défense pouvait encore se prolonger quelque temps de l'autre côté de la rade. Tout se réunissait donc pour recommander l'attaque immédiate des ouvrages du nord. On a beaucoup admiré l'audace de la manœuvre tournante par laquelle l'armée alliée effectua son changement de base du nord au sud, en défilant à portée d'une grande place de guerre. La véritable hardiesse, l'audace vraiment fructueuse eût été ici de se jeter vigoureusement sur le fort Severnaïa. Là étaient les grands résultats ; on eût évité onze mois d'un siége sanglant, et l'on se fût épargné les péripéties d'une lutte restée douteuse jusqu'à la dernière heure. Car, nous ne craignons pas de dire que l'assaut donné à Malakoff le 8 septembre de l'année suivante fut une tentative dix fois plus chanceuse que ne l'eût été le 24 septembre 1854 l'enlèvement de vive force du fort Severnaïa.

Le mouvement tournant par le sud étant décidé, les Alliés se mettent en marche le 24. — Ces considérations majeures ne vinrent pas à l'esprit des généraux en chef, et le mouvement tournant par le sud fut décidé ainsi que nous l'avons raconté. L'armée alliée quitta donc son campement de la Katcha pour venir, après une très-petite journée, dresser dans la soirée du même jour ses tentes sur la rive gauche du Belbek. La rivière avait été franchie sans la moindre opposition à quelques kilomètres au-dessus de son embouchure pour se défiler des batteries qu'on y avait signalées, et l'armée l'avait traversée partie au pont où passe la route d'Inkermann à Batchi-Seraï, partie à gauche de cette route.

Regrettable lenteur de leurs mouvements. — C'était une faute de marcher si lentement. Une fois le changement de base décidé, il fallait l'exécuter avec promptitude et descendre rapidement dans la vallée de la Tchernaïa à la rencontre des escadres. Cette lenteur, ainsi que nous allons le voir, nous fit perdre une belle occasion.

Le 25 au matin les Anglo-Français devaient commencer leur mouvement. Les défenseurs de Sébastopol avaient enfin vu les alliés attendus d'heure en heure depuis le 21, garnir dans l'après-midi du 24 les hauteurs du Belbek et se montrer vers Inkermann.

Effectif de la garnison de Sébastopol après le départ du prince Menschikoff. — Menschikoff parti, la garnison ne comptait guère que 17 000 hommes, dont les trois quarts marins de la flotte, pour défendre l'immense développement des fortifications. On avait réservé la majeure partie de ces forces pour la protection du nord où se trouvaient 11 000 hommes, presque tous des équipages des vaisseaux ; quelques bataillons occupaient la ville du sud et 600 soldats du régiment de Taroutine avec 4 pièces de campagne et 4 de siége défendaient le pont d'Inkermann.

Anxiété des défenseurs de la place à l'apparition des Anglo-Français sur les hauteurs du Belbek. — Avec ces moyens si insuffisants à opposer à une armée victorieuse de 50 000 hommes, les Russes attendaient nos mouvements dans la plus vive anxiété. Ils respirèrent quand ils virent nos régiments, au lieu de se diriger sur la place, incliner vers la gauche et s'enfoncer dans les bois qui s'étendent entre le Belbek et la Tchernaïa.

Les alliés opéraient leur marche de flanc dans la disposition suivante : l'armée anglaise à l'avant-garde, puis les troisième, deuxième et première divisions françaises, ensuite les troupeaux et les bagages, enfin, formant l'arrière-garde et sur la gauche, la quatrième division et le contingent turc ; l'artillerie entre les brigades. La route à suivre ne présentait qu'un seul chemin qui, après être descendu droit au sud, tourne à l'est, puis, arrivé au village de Kamuschlii, reprend la direction du sud jusqu'à la Tchernaïa. Il y avait, pour atteindre cette rivière, à faire environ 18 kilomètres ; il paraissait donc facile d'y arriver de bonne heure, mais les difficultés de la route et surtout les lenteurs et les embarras des Anglais causèrent beaucoup de retards.

Retards causés par les encombrements de l'armée

anglaise et par la nature du terrain. — Nos alliés étaient tellement encombrés de bagages et traînaient après eux un tel nombre d'arabas qu'ils n'eurent fini de défiler le 25 qu'à onze heures et demie et que l'armée française ne put prendre sa place dans la colonne de marche qu'à midi. Le chemin tracé avait été réservé à l'artillerie, à la cavalerie et aux impedimenta; l'infanterie s'avançait sous bois se dirigeant le plus souvent à la boussole; le fourré était extrêmement épais. Il y eut des erreurs de direction, des confusions de route, de longues haltes et ce ne fut qu'à la nuit faite que les alliés débouchèrent enfin sur le plateau de Mackensie. A ce moment la tête de colonne anglaise heurta une troupe russe.

Lord Raglan culbute et prend l'extrême arrière-garde du prince Menschikoff. — Lord Raglan fit charger ce détachement qui fut immédiatement dispersé ou pris avec vingt-cinq fourgons qu'il escortait : c'étaient deux compagnies formant l'extrême arrière-garde de Menschikoff. Ce général avait passé le matin même à cet endroit avec son armée. De sorte que, si les alliés avaient eu douze ou vingt-quatre heures d'avance, ce qui leur eût été facile s'ils eussent marché rapidement au lieu de ne faire que 6 kilomètres le 24, ils auraient pris en flagrant délit les divisions russes engagées sur la route difficile de Zalankoï et ils les eussent probablement détruites eu égard à l'avantage du terrain et à la grande supériorité du nombre, 50 000 hommes contre 22 000. Au lieu de cela, l'imprudence si grave qu'avait commise le prince Menschikoff en ne quittant Sébastopol que quatre jours après l'Alma s'étant trouvée considérablement atténuée dans ses conséquences par les fautes de ses adversaires, il avait pu regagner à temps ses communications et le 25, au moment même où son extrême arrière-garde était enlevée, il se trouvait établi avec le gros de ses forces à Duvankoï et à Izoba, sur la grande route de poste de la péninsule, également en relation avec Batchi-Seraï et avec le nord de Sébastopol.

L'armée anglo-française achève son mouvement tournant le 26 au matin. Occupation de Balaclava et réunion dans ce port avec les escadres. — Les Français passèrent la nuit sur le plateau de Mackensie et les Anglais dans la plaine de la Tchernaïa qu'ils avaient pu gagner avant la nuit. Le lendemain au jour, la division légère, qui formait l'avant-garde des troupes britanniques, couronna les hauteurs de Balaclava, dont la petite garnison se rendit aussitôt. En même temps les régiments français franchissaient à leur tour la Tchernaïa et campaient sur la rive gauche de cette rivière, au moment même où les vaisseaux de l'escadre remorquant des transports chargés de vivres entraient dans la baie de Balaclava. Le mouvement tournant décidé le 23 au soir était achevé ; il s'était effectué sans aucun obstacle ; l'armée et la flotte avaient rétabli leurs communications et la base d'opérations était de nouveau assurée.

Le maréchal de Saint-Arnaud quitte l'armée attei n

par le choléra et remet le commandement au général Canrobert. — Ce même jour, le maréchal de Saint-Arnaud, miné par la maladie, frappé par le choléra, remit le commandement au général Canrobert et s'embarqua pour Constantinople qu'il ne devait pas atteindre vivant. Il est difficile, eu égard aux circonstances physiques qui pesèrent sur lui dès le début de la campagne, de porter un jugement absolu sur le chef de l'armée française. Nous croyons pouvoir dire, toutefois, que, tout en donnant la preuve de réelles qualités militaires, il ne montra pas toutes les capacités qu'exigent l'exercice d'un grand commandement et la conduite d'une grande campagne.

Une grave question reste à résoudre après le mouvement du 25 : attaquera-t-on de vive force le sud de Sébastopol? — Après l'arrivée des alliés sur le plateau de Chersonèse, il restait une décision très-importante à prendre. Ayant renoncé pour les raisons que nous avons rapportées à attaquer de vive force le nord de la place, les Anglo-Français, une fois en communications assurées avec leurs escadres, ne chercheraient-ils pas à brusquer l'enlèvement de la ville du sud? Les raisons qui militaient en faveur de cette résolution étaient avant tout celles qui auraient déjà dû décider l'attaque du fort Severnaïa, c'est-à-dire l'impossibilité de faire régulièrement le siége de Sébastopol puisqu'on ne pouvait l'investir de tous côtés ; la certitude, par suite, que la garnison gardant ses communications avec le dehors serait constamment ravitaillée et

5.

accrue, la prévision enfin que, dans de telles conditions, le siége traînerait en longueur laissant douteux le résultat définitif. Si ces considérations se fussent vivement présentées à l'esprit du général Canrobert et de lord Raglan, nul doute qu'ils eussent tout tenté plutôt que de faire la partie si belle à leurs adversaires et de se créer à eux-mêmes tant de difficultés pour l'avenir. Dans la conduite d'une grande opération, il faut avoir égard non-seulement aux circonstances actuelles, mais surtout aux perspectives futures ; c'est ce que ne paraissent pas avoir suffisamment médité les chefs de l'armée alliée.

Les considérations de prudence étaient sauvegardées en cas d'insuccès. — Les considérations de prudence, que nous sommes loin de trouver déplacées chez des personnes investies d'un aussi sérieux commandement, n'étaient d'ailleurs nullement compromises dans le cas que nous discutons d'une attaque de vive force faite contre le sud le 26 ou le 27 septembre. En effet, victorieux, les alliés terminaient l'opération contre Sébastopol d'un seul coup, car la prise de la partie méridionale, sans avoir peut-être des résultats aussi immédiatement complets que l'enlèvement de la partie nord, aurait néanmoins, dans la situation de faiblesse de l'armée russe, été assez promptement suivie de l'investissement et de la chute du fort Severnaïa. Repoussés au contraire, rien n'était compromis : les Anglo-Français conservaient leur position intacte, appuyés sur leurs flottes, en position d'attendre des renforts de tout genre et sans aucune obligation, comme on l'a dit, d'un rembarquement précipité, sans aucune crainte surtout d'être jetés à la mer. Car ce n'étaient pas les 16 000 défenseurs de la place, en y adjoignant même les 22 000 hommes du prince Mens- chikoff, qui eussent été capables de faire courir ce danger aux 50 000 soldats de l'armée alliée. Qu'on se reporte à Inkermann où la situation pourtant était bien changée au profit des Russes et au détriment des Anglo-Français. Tout se serait donc réduit, en cas d'insuccès, à une perte d'hommes toujours regrettable il est vrai; mais la grandeur du résultat autorisait certes à courir les chances de la tentative.

Situation militaire de la ville du sud le 26 sep- tembre. — Quant à ces chances, disons qu'elles étaient favorables. Il résulte en effet des documents aujour- d'hui connus, de l'aveu du général Niel (1), et, parti- culièrement du récit de Todleben, qui doit faire foi en pareille matière, que le 26 septembre, jour où les alliés parurent devant le sud de Sébastopol, les travaux étaient trop incomplets de ce côté pour que la place résistât à une attaque poussée à fond. L'armement des 7 kilomètres de développement de ce front ne se com- posait que de 172 bouches à feu (ce qui ne donne pas un canon par 40 mètres), dont 55 seulement à embra-

(1) « Menschikoff (dit le général Niel dans sa relation du siége), abandonnait avec la majeure partie de ses forces une place *dont les défenses étaient encore trop incomplètes du côté du sud pour qu'elle ne fût pas exposée à être enlevée de vive force.* »

sures et 117 à barbette, de sorte que la plupart des servants se trouvaient considérablement exposés. Ensuite cette ligne était coupée, au grand désavantage de ses défenseurs, par la baie du sud, circonstance qui rendait très-précaires les communications entre les bataillons situés dans la ville proprement dite et ceux qui occupaient le faubourg de Karabelnaïa. La partie du front qui s'étendait entre la baie de la Quarantaine et la baie du Sud (1700 mètres) pouvait être considérée comme à l'abri d'une attaque de vive force ; mais l'espace compris entre cette dernière baie et celle du Carénage, à l'extrémité de la Karabelnaïa (5300 mètres), pouvait être aisément forcé ; « il y existait des espaces ouverts de plusieurs centaines de mètres », particulièrement sur les emplacements où furent élevés depuis les bastions de Malakoff et du petit Redan. Enfin cette ligne étendue n'avait pour sa défense que 16 000 hommes, la plupart marins, qui derrière leurs retranchements n'étaient pas garantis contre les feux verticaux. La garnison du nord, réduite autant que possible depuis que ce point n'était plus menacé, employait 3000 soldats. Quelques renforts, entrés dans la place depuis le 25, par la route du nord redevenue libre, avaient porté le chiffre total de ses défenseurs à 19 ou 20 000 avec 32 bouches à feu de campagne.

Chances que cette situation offrait aux Alliés. — Nous croyons que cette énumération, qui n'a pas été contestée, suffit à démontrer qu'en faisant effort sur un des points faibles de l'enceinte, les Alliés eussent eu les plus grandes chances de pénétrer dans la place.

Appréhensions des chefs de l'armée russe en cas d'un assaut donné immédiatement à Sébastopol. — C'était la conviction des Russes et, en particulier, des plus capables de leurs chefs, Todleben et Korniloff. Ils s'attendaient à une attaque immédiate et, dans la matinée du 27, ils cherchèrent à exciter l'enthousiasme de la défense par tous les moyens en leur pouvoir. Une grande procession parcourut toute la ville; le clergé bénit les bataillons rangés derrière les murs; l'amiral harangua les soldats et leur fit jurer de mourir à leur poste et de le tuer lui-même s'il donnait l'ordre de la retraite. « Mais, dit Todleben, ni tout cet enthousiasme » ni la valeur la plus héroïque n'auraient pu sauver » Sébastopol si les Anglo-Français l'eussent attaqué » au lendemain du passage de la Tchernaïa. »

Deux grandes reconnaissances faites les 27 et 29 septembre n'apprennent rien aux Alliés sur la situation réelle de la place. — Malheureusement cette situation resta complétement ignorée des états-majors alliés. Le 27 au matin, une grande reconnaissance fut faite sur le plateau de Chersonèse par deux divisions françaises et deux anglaises; les généraux commandant le génie et l'artillerie l'accompagnaient. On couronna le plateau et l'on vit distinctement Sébastopol et la rade. Le 29, une seconde reconnaissance fut poussée jusqu'à la mer par le général d'Aurelle; elle rentra comme la précédente sans avoir constaté l'état réel des défenses de la place et les chefs de l'armée alliée gardèrent la conviction que l'assaut immédiat était impossible. On résolut donc d'avoir recours aux moyens ordinaires et l'on se prépara à ouvrir la tranchée.

Le siége en règle est résolu. — Les attaques de gauche, échues à l'armée française, furent confiées au général Forey; les Anglais eurent celles de droite; le général Bosquet reçut le commandement du corps d'observation posté sur les hauteurs entre Inkermann et Balaclava. Le siége de Sébastopol était commencé; il devait durer onze mois.

Ici se termine la tâche que nous nous étions donnée; mais, avant de quitter la plume, nous voudrions résumer brièvement les enseignements qui ressortent, suivant nous, de cette courte campagne.

En premier lieu, on y vit la facilité que donne de nos jours l'emploi des flottes à vapeur pour entreprendre et mener à bonne fin des luttes lointaines. On put y constater que des nations, assurées de rester maîtresses des communications maritimes, peuvent porter et nourrir la guerre dans un empire qu'autrement elles ne pourraient aborder qu'en empruntant ou en violant des territoires neutres. On apprit, en revanche, l'inconvénient majeur qu'il y a à faire agir sur le même terrain et pour une même opération deux armées alliées que différencient totalement le tempérament national, l'éducation et les habitudes militaires.

La campagne de Crimée mit encore en lumière la supériorité individuelle du soldat français, supériorité due non-seulement à des qualités de race et de sang, mais aussi au perfectionnement technique des moyens militaires dans notre armée. En effet, le canon-obusier, cette invention de l'officier d'artillerie Louis Bonaparte qui doit être, nous nous imaginons, un des titres auxquels tient le plus l'empereur Napoléon III, les armes de précision dont se trouvaient armés nos corps spéciaux, l'escrime de la baïonnette, enseignée d'abord comme moyen de défense contre les cavaliers arabes, pour devenir subitement un terrible moyen d'attaque contre les fantassins d'une armée européenne, tous ces progrès de la science des armes contribuèrent grandement à nos succès.

En même temps, de graves fautes commises, l'expédition de la Dobrudscha, le manque de cavalerie, les lenteurs répétées de la marche, l'abandon du plan de débarquement à la Katcha et plus tard du projet d'attaque contre le nord de Sébastopol, vinrent rappeler à l'observation des grands principes de l'art militaire : la prévoyance du chef, l'unité du commandement, l'extrême importance des informations exactes. Le courage et les combinaisons du génie, ces deux grands artisans des guerres heureuses, ne se produisirent pas dans les mêmes proportions; il y eut plus du premier et moins des secondes. Le fait sans contredit le plus fâcheux dans ses conséquences fut d'avoir renoncé trop aisément à l'attaque de vive force du nord de Sébastopol. On a beau dire que le siége fut, tout autant que l'eussent été deux ou trois grandes batailles, une occasion pour les deux armées de se couvrir de gloire; qu'en réalité, dans cette arène circonscrite des lignes de Sébastopol, la lutte convoqua toutes les forces des trois nations belligérantes, que toutes les ressources des trois empires y furent mises en œuvre et que la question y fut tout aussi complétement décidée qu'elle eût pu l'être sur le plus vaste théâtre. Ce n'est point là une manière de raisonner qu'on puisse admettre. On ne néglige pas une occasion de succès dans l'idée que la Fortune vous en offrira une autre, on commence par faire ce qui est indiqué comme le meilleur, sinon on a tort; voilà les principes. Que si l'on veut aussi conclure par le résultat, nous dirons que la chute rapide de Sébastopol, en amenant une campagne active dans l'intérieur de la Crimée, avec ses perspectives de grandes batailles, de belles opérations, de savantes combinaisons militaires, eût mieux servi nos intérêts politiques, notre renommée guerrière et l'éducation militaire de nos soldats et de nos généraux, qu'un siége, si vaste en ses péripéties et si glorieux en ses résultats qu'il ait pu être.

CARTE POUR SERVIR À L'INTELLIGENCE DE LA CAMPAGNE DE CRIMÉE,

Le Spectateur Milit.re   dressée sur la Carte anglaise de Mukhin et Schuberts   Février 1866.

SIGNES EXPLICATIFS

Grandes routes de poste et routes secondaires pour le passage de troupes de toutes armes.

Chemins de petite communication pour l'infanterie et l'artillerie de montagne seulement dans les pays montagneux, mais qui, dans les pays de plaine admettent le passage de toutes les armes

Forêts et taillis.   Vergers, jardins, vignes   Villages

Distances en Kilomètres

0 1 2 3 4 5 6 7 8 9   10 Kil.tres ou 1 Myriamètre

Paris, Imp. Janson

Gravé chez Erhard.

PLAN DE LA BATAILLE DE L'ALMA,
livrée le 20 Septembre 1854.

Le Spectateur Militaire. *Février 1866.*

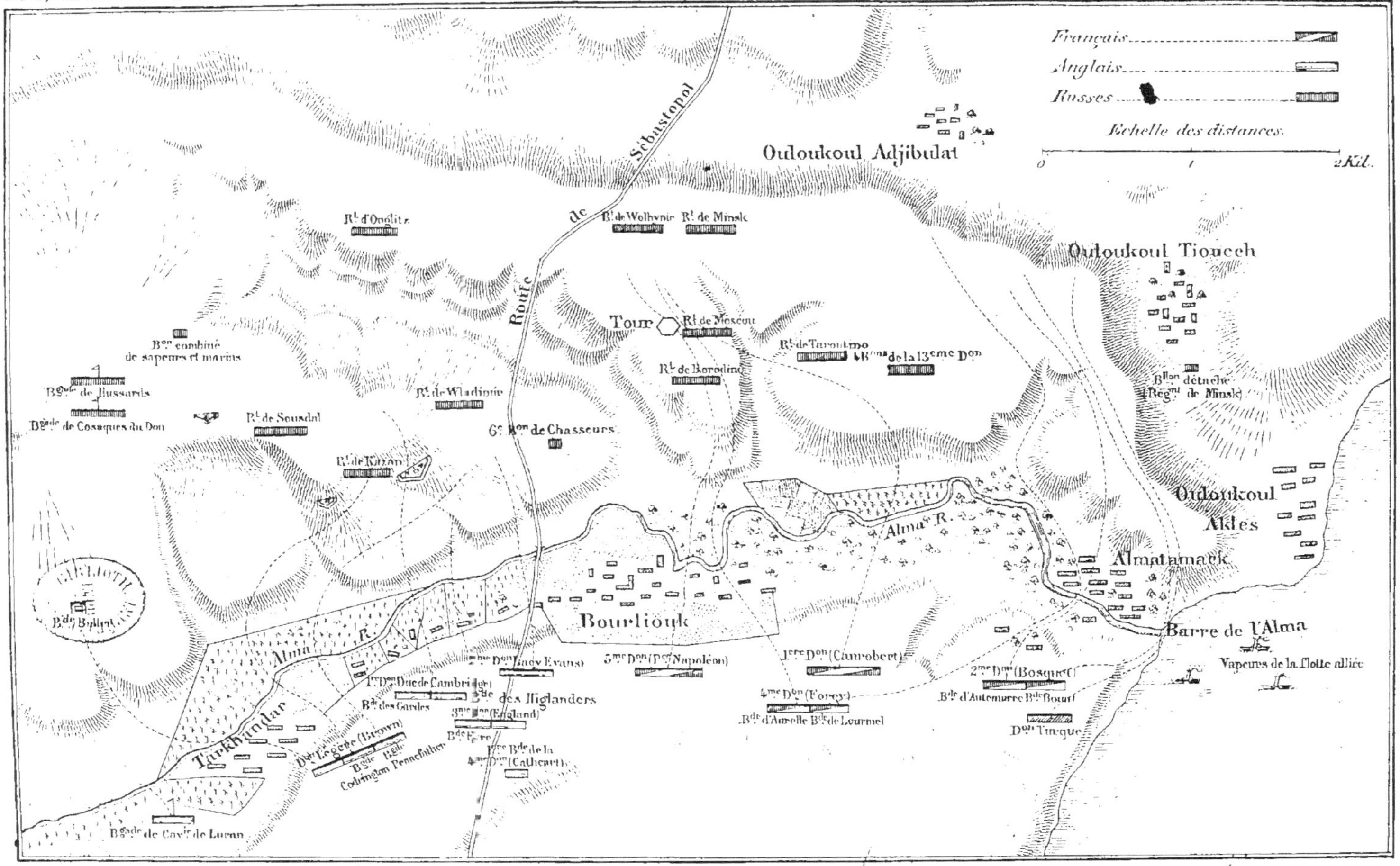

Paris, Imp. Janson. *Gravé chez Erhard.*

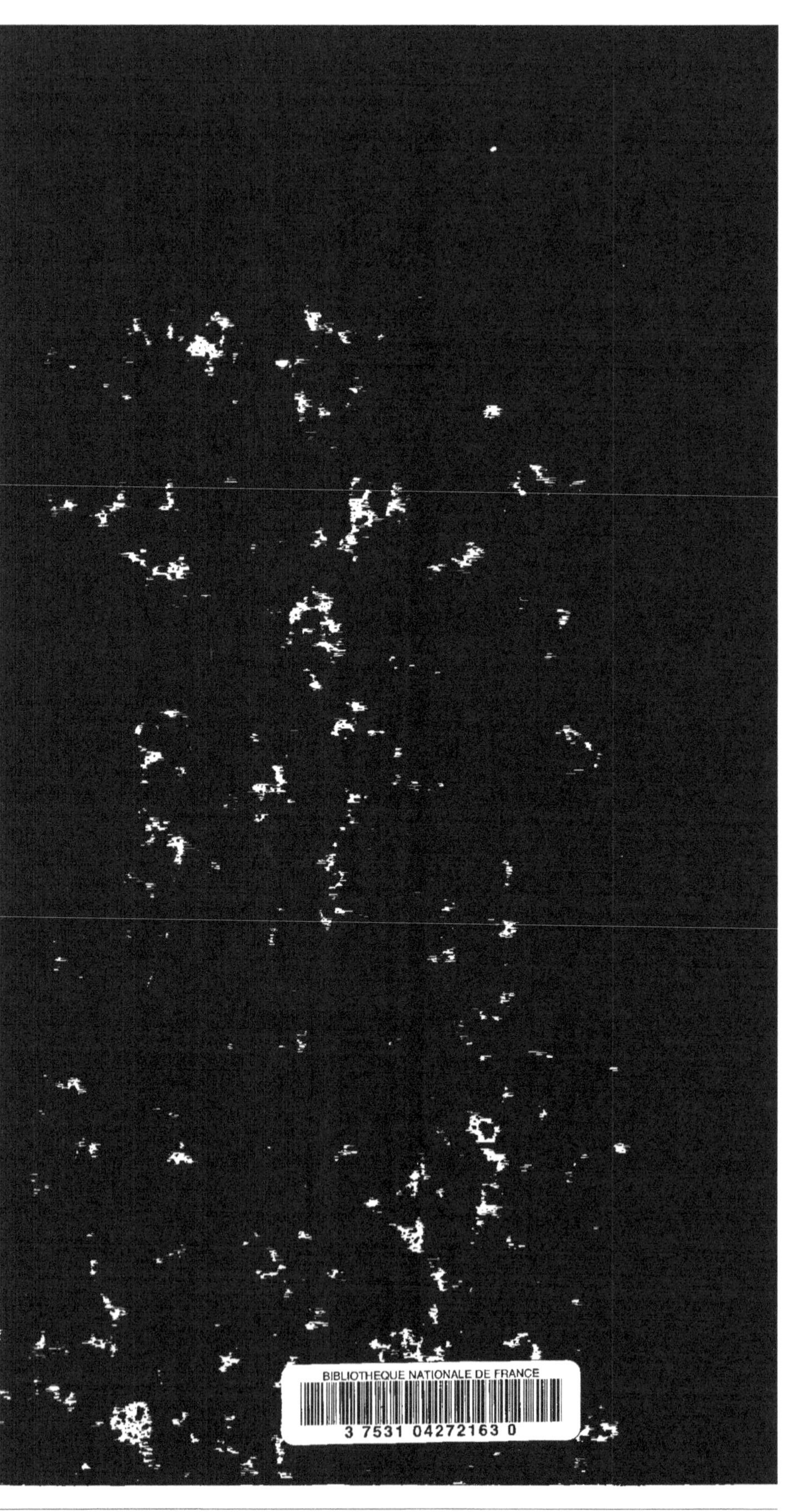